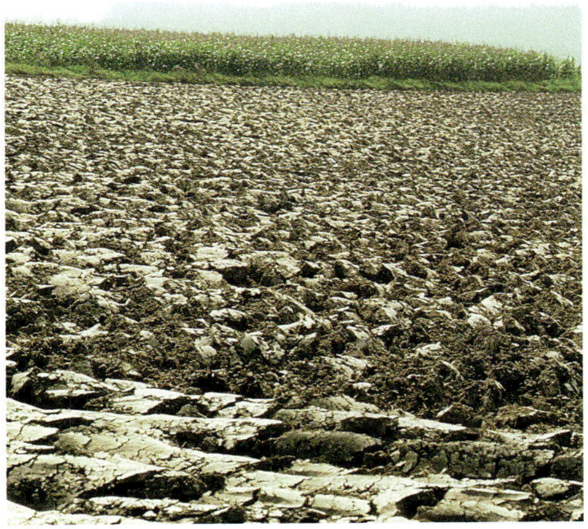

Franz R. Miller · Karl Auer

Bauernhöfe

Band III

Die Bodenständigkeit
im Wandel der Zeit

Verlag Passavia Passau

© 1990
Printed in Germany
Gesamtherstellung: Passavia Druckerei GmbH Passau
Texte: Franz R. Miller
Fotos: Karl Auer
Gestaltung: Regina Kuswari, Passau
Verlag Passavia Passau

ISBN 3-87616-159-2

Schönau · Rottal/Inn

Niederperach · Perach · Altötting

Sohl · Regen

Grafling · Deggendorf

Bauernstand

> Du sehr verachteter Bauernstand
> bist doch der beste in dem Land.
> Kein Mensch dich gnugsam preisen kann,
> wenn er dich nur recht siehet an.
>
> (Hans Jakob Christoffel v. Grimmelshausen 1622–1676)

An der rechten Sichtweise fehlte es durch die Jahrhunderte. Weniger bei den Dichtern, wie beispielsweise dem barocken Grimmelshausen, der in seinem „Abenteuerlichen Simplizissimus" Bauernstand und ländliche Zustände vortrefflich zu charakterisieren weiß.

Heute wissen wir es alle: Er war ein geschundener Stand, der Bauernstand. Er war abhängig bis in die letzten Fingerknochen, er wurde ausgebeutet bis zum letzten Heller, er trug die Lasten der Kriege, insbesondere des 18. Jahrhunderts mit grausamer Konsequenz. Er überlebte nur dank einer Schläue, die ihm nicht angeboren war, die sich entwickelte. Entwickeln mußte. Bauernschlau, das ist das krasse Gegenteil von tölpelhaft. In der Bauernschläue steckt eine Krume Herzenseinfalt, ein Granl Pfiffigkeit und ein ganzer Sack voll Angst. Sie schnürten zu lange den Hals zu, die Herren, die ritterlichen wie die pfäffischen, sie schickten ihre Domestiken, die Vögte, die Eintreiber, die Herrenknechte, die keinen Deut klüger waren als die von ihnen Unterdrückten, denen Roheit ins Gesicht geschnitten war und Dummheit aus den Augen funkelte. Schlimmer noch waren die Schreib- und Lesekundigen, die mit gleichgültiger Arroganz in den Mienen real einforderten, was verbal auf Pergamente geschrieben wurde, auf Papier das sich zerreißen ließ, Gesetze, von denen gemacht, denen sie zunutze sein konnten.

Die Bauern beriefen sich auf die göttlichen Gebote. Das kostete die weltlichen Herren ein Lächeln. Die Bauern setzten Gewalt gegen Unterdrückung und unterlagen. So blieben nur die charakterlichen Zwischenwerte, als da eben sind List, Schläue, Biedersinn. Ob der Wind über die Kämme des Böhmerwaldes auch einigen Samen herüberwehte, den man heute als den Hintersinn des Schwejk benennt, das wäre möglich. Die gesellschaftlichen Entwicklungen beförderten den Landmann, den bloßen Landbesteller, zum partiellen Handelsmann.

Diese Entwicklung gedieh auf vielen Stufen.

Ein Bauernhandel war ein zähes Ringen. Allein dem Gaul ins Maul geschaut, das erwies sich als zu wenig. Vom Schafbock bis zum Zuchtstier formierte sich ein äußerlich kraftvoll gestaltetes Regularium bäuerlicher Handelsgerechtsame. Doch als der niederbayerische Viehhändler sozusagen zur persona media aufgestiegen war, zu einem consigliori, der seinem fernen sizilianischen Standesgenossen in nichts nachstand, war das Gröbste längst geschafft. Wer frei entscheiden konnte, ob zu den sechs Rössern ein siebentes oder zu den zwei Dutzend Rindern ein weiteres in den Stall kam, der brauchte keine Untergebenenschläue mehr, der hatte seinen Stolz.

In den Jahrzehnten und Jahrhunderten vorher bedurfte es jener geklöppelten bis grob gewebten Schläue, die in Hunderten von Anekdoten überliefert und zur Zeit nicht gefragt ist. Sie sicherte in nicht geringen Teilen die Existenz. Doch zeigt man klugerweise nicht her, was vorder- oder hintergründig in einem steckt. Die eigene Schlauheit, das war mehr oder weniger das Seil, an dem man sich durchs Leben hantelte.

Wichtig war der Grund.

Es war ein weiter, steiler, steiniger Weg vom Leibeigenen zum Grundherrn. Und als dies endlich geschafft war, hing man nicht nur die Silbertaler an die Weste, in die man den Bauch hineinklemmte. Zum Stolz gediehen Haus und Hof. Und wo es zum Stolz nicht reichte, wurde das Haus Heimstatt, wohl auch Fluchtstätte vor der Unbill der Umwelt. Umgebende Landschaft und menschliche Gemeinschaft formten seinen Stil neben der Zweckmäßigkeit.

Der Gesichtskreis war beengt. Dieser Großvater und jene Großmutter leben noch, die eben ihr Leben lang nicht aus dem Dorf herausgekommen sind, die auch keine Ursache sahen, von der großen, weiten Welt zu träumen, die nach dem zwangsbedingten Besuch der Kreisstadt in Eile wieder nach Hause, heim, strebten, wo sie sich sicher und geborgen fühlten. Der wägende Blick, der den Fremden streift, so er ins Haus will, der ist geblieben, auch bei jenen, die mittlerweile eine Eigentumswohnung an der Costa del Sol erwarben. Abgeschiedenheit implizierte Eigenleben. Eigen-Sinn.

Abgucken konnte man ehestens beim Nachbarn. So kam es zu jenen raschen Wechseln im Baustil oft von Dorf zu Dorf, nicht nur den äußerlichen Gegebenheiten angepaßt, schon auch ein wenig mit der Lust zum Herzeigen geziert. Doch es dominierte der „Brauch". Was heute der „gute", „alte" ist, war eben noch vor 100 Jahren der Gegenstand des Alltags. So wuchsen diese Dörfer, diese Höfe, diese Häuser, oft grundverschieden, in der Hallertau, in der Wolfachau, an der Laaber, im Heuforst, im Rottal, im Gäuboden oder droben im Wald. Viele Fassaden schauen einen an und wiederum viele in eine Form gebunden. Also muß man auch dahinter schauen.

Heute ist der Blick geweitet. Es ist kaum mehr Zeit für Hinterschau. Und mit dem Weitblick verlor sich der Tiefblick und gewann die Lust am Genormten.

Nationales Bauernpathos formte nicht jenen „neuen Geist", von dem die Erfinder desselben träumten. Dazu war das Handwerk zu schwer, der Alltag zu rauh. Das erfuhren sie alle schnell, die jugendlichen Erntehelfer aus den Städten, denen man einen Volksgemeinschaftsheiligenschein aufsetzte und auf die Felder und in die Stadel schickte. Mit dem ersten Sonnenbrand und Muskelkater und der Aussicht auf einen Vierzehnstundenerntetag schmolz das vaterländische Bewußtsein rasch. Der Bauer sah sich zwar mehr respektiert, doch der Drang zum Großen, Erhabenen, Nationalen, machte ihn wieder mißtrauisch. In den nationalen Hungerjahren bekam er zwar mit, wie wichtig seine Existenz ist, um die Armseligkeit der anderen wenigstens in Teilen zu verbergen. Doch er hatte auch schon bemerkt, daß die Zeiten kurzlebiger geworden waren. Die ins Haus gesetzten Flüchtlinge sprachen eine andere Sprache, hatten einen eigenen Lebensstil, andere Arbeitsweisen, andere Gewohnheiten, die sie einbrachten. Fürs Leben. Es waren keine Gäste.

Dann verkaufte der erste Bauer ein Stück Wiese. Und darauf setzte ein Städter sein Haus. Eine Villa, sagte der Hans vom Nachbarhof, der in der Stadt studierte, das heißt, aufs Gymnasium ging. Und dann sagte der eigene Sohn, er wolle eigentlich auch lieber aufs Gymnasium gehen, und der Älteste vom Nachbarn wehrte sich, den Hof zu übernehmen, obwohl es doch so der Brauch war. Warum sollte er sich ein Leben lang mit dem bisserl Sach' abquälen. Und der dritte Bub wollte auch nicht geistlich werden, obwohl ihm der Pfarrer diesen Beruf in schönsten Farben malte. Und die Fanny trug einen Rock bis über die Knie.

Dann gab es keine Dienstboten mehr. Innerhalb kürzester Zeit waren sie verschwunden, die Knechte, Mägde, Hüterbuben; die Fabriken lockten, man zog in die Stadt, und die Städter wollten aufs Land, die Gemeinderäte wurden mit Baulinienplänen und Maschinenringen und Industrieansiedlungen befaßt und oftmals überfordert, und dann wuchsen die Siedlungen. Rasch, unbandig rasch, wuchernd wie Unkraut. Äußerlich hübsch anzusehen, aber ein Haus wie's andere, monoton, uniform, zweckdienlich.

Der Wirt freute sich. Des wird a Mordsgschäft. Es wurde keins. Er wurde gemordet. Die Siedler puppten und motteten sich ein, sie wurden keine Dörfler, warum auch, viele gingen nicht einmal in die Kirche. Plötzlich gab es zwei Dörfer.

Das mit den Maschinenringen klappte nicht. Herrschaft, man war doch sein eigenes Wirtschaften gewöhnt. Also eigene Maschinen her. Der Bauer, der bauernschlaue, wurde zum kühlen Rechner. Das hielt er nicht durch. Das entsprach nicht seiner Mentalität. Er wurde gestützt, er wurde beraten, er wurde belogen.

„Jeder kann Bauer bleiben, so er will!"

Dann gab der erste auf. Dann riß der Holzinger sein Wohnhaus weg und baute ein neues hin. So ähnlich wie die in der Stadt. Dann klebte der Minderer einen Eternit-Schutz an seine Windseite. Jetzad frierts mi nimmer! Dann konnte nicht jeder Bauer bleiben, der wollte. Und der Reporter, der ins Dorf kam, erfuhr, daß noch vier „Haupterwerbslandwirte" vorhanden wären. Das war der neue Begriff für den Bauern. Was jetzt tun mit Haus und Hof? Modernisieren? Abreißen?

Verkaufen! Das war in Niederbayern nicht so leicht wie im Oberland. Es funktionierte nicht mehr, was durch Jahrhunderte im Gang geblieben war. Aus dem Funktionsgebäude war eine Kulturstätte geworden. Die umgebende Landschaft, die man der Ernährung halber ausgebeutet hatte, sollte man jetzt plötzlich pflegen. Und das Haus, das eigene Haus, war geschützt. Zum Denkmal umfunktioniert.

Expandieren, produzieren, stabilisieren hießen die Zauberworte, umgesetzt in Taten, mehr Milchkühe in den Stall, mehr Maschinen in die alte Scheune, logisch, wer mehr produziert, verdient mehr. Dann kam der Milchberg und der Butterberg, und dann kam eine Prämie für die Rinder, wenn man sie wieder abschaffte.

Für teures Geld wurden die pflegeleichten Kippfenster in die alten Hofmauern gesetzt, ein Balkon gezogen, eine Veranda gefliest und eine bunte Markise darübergelegt, wo das nicht ging, kam zumindest eine Hollywoodschaukel in den Hof, das wollten die Fremden. Die Umbauten wurden gefördert mit Staatsmitteln, denn vom Produzieren von Korn, Milch und Fleisch kann der Bauer nicht mehr existieren. Er ist jetzt Händler, Techniker, Vermieter, Landschaftshüter.

Dann aber kam der Heimatpfleger und meinte, die alten Sprossenfenster wären stilechter gewesen, und der Eternitvorbau verschandele die Fassade, und der Balkon wäre aufgepfropft.

Über den Heimatpfleger konnte man den Kopf schütteln, respektabler war und ist allemal der Denkmalpfleger, denn plötzlich wohnt man nicht mehr in einem Wohnhaus, sondern in einem Denkmal.

Übergeordnet gedacht: Gäbe es diese staatlich verordnete Pflege nicht, gäbe es bald keine „Bauernhöfe" mehr.

Das moderne Bauernlegen zerstört gewachsene Kulturen. Flotte Schuldzuweisungen helfen nicht. Aber was sind Bauernhäuser ohne Bauern?

Denkmal Niederbayern?

> Ein Land starrend von Wäldern
> und entstellt durch übelriechende Sümpfe.
>
> (Cornelius Tacitus 54–120)

Man sagt ihm viel nach, jenem glühenden römischen Republikaner und Geschichtsschreiber, Vorbild für viele, die die Kunst des Beschreibens über die Wahrheit des Augenblicks setzen. Aber Niederbayern hat er so speziell nicht gemeint. Es ist keine Kunst, Niederbayern im gotischen Landshut oder im italienisch-barocken Passau zu loben. Das sind feingliedrige Gelenke. Der Körper ist untersetzter. Eben bäuerlicher. Nach wie vor. Das ist „typisch" für Niederbayern. So heißt es obenhin. Und unter „bäuerlich" versteht man wiederum so obenhin mehr Grobkörniges.

Niederbayern wird als Kornland vorgestellt. Die Kornkammer Südosteuropas, enger bezogen, der Gäuboden. Daran ist nichts Falsches, aber das Bild ist einfarbig. Einfarbig sah Tacitus dieses kalte Germanien sehr wohl. Er sah Wasser, Felsen, Hochmoore und eben Wälder. Ist es ein Witz oder ein Wink, daß just im Niederbayerischen, dort wo es kein Niederland ist, wieder der Waldzustand als Urlandschaft ausgewiesen wird. Von jener Menschenhand geschützt, die ihn durch Jahrhunderte rodete, dezimierte, kahlschlug, kultivierte. Von der Völkerwanderung bis in die ersten Jahre des bayerischen Königreiches wurde gesiedelt, urbar gemacht, mußte der Wald herhalten, weichen, Platz machen. Ja selbst im ausgehenden 20. Jahrhundert, als das Waldsterben schon die akademischen, politischen und volksläufigen Diskussionen beherrscht, wurde für zweifelhafte und zweifelsfreie Industrieträger der Wald hektarweise zum Beschnitt freigegeben.

Niederbayern: Waldland, Kornland, Kunstland. Alles sehr wohl. Man sieht Niederbayern gern zu flächig. Zu einseitig.

Da ist jener Landschaftszipfel, der sich kühn ins Oberpfälzisch-Fränkische hineinschiebt, wo die Altmühl der Donau zustrebt, an Riedenburg vorbei, Schloß Prunn auf der Höhe der Kalkfelsen wie ein versteinerter Raubvogel das Umland belauernd, bis hin zu Kelheim, da die Donau ihren Durchbruch geschafft hat. Dort steht auf dem Michelsberg jener kolossale Rundbau, der, weithin sichtbar, daran erinnert, daß ‚Teutschland' sehr wohl einmal in der Lage war, sich von einem Tyrannen zu befreien. Daß das Denkmal ein bayerischer König schuf, dessen Geschlecht just diesem Tyrannen sein Königtum verdankt, zieht eine Denkfalte in der Physiognomie vaterländischer Begeisterung. Paßt das zu Niederbayern? Weniger.

Unten im Tal hat sich wie gesagt die Donau ihren Weg durch den Kalkstein gegraben, ein faszinierendes Landschaftsbild geschaffen, und in der Enge von Weltenburg siedelten früh die Benediktiner, lehrten ihre Umgebung Obst- und Ackerbau, Imkerei und Frömmigkeit und gaben 1715 einem noch unbekannten Künstlerpaar, dem Cosmas Damian und dem Egid Quirin Asam, den Auftrag, hier in der Eng die Weite eines Gottesraumes zu schaffen. Demütig-naive Gläubigkeit in der linken und üppig-wuchernde Genialität in der rechten Hand. Selten sind der liebe Gott und sein Himmel so leuchtend, so faßlich, so raffiniert in goldenen Rahmen gefaßt worden.

Architektur, Skulptur, Malerei in Dreieinigkeit. Das ist nicht blasphemisch. Das ist majestätisch. So war es auch gewollt. Auf kürzestem Weg, mit ein paar Schritten, durchschreitet der Besucher die Aura zwischen Karfreitag und Ostersonntag, zwischen Schatten und Licht, eine immer wieder beeindruckende Wirkung, um dann auf den im Glanz stehenden heiligen Georg zuzugehen. Hoch zu Roß, mit Helm und Federbusch wie ein römischer Ädil, in goldglänzendem Harnisch mit einem Flammenschwert den Drachen in den Rücken stechend, sieghaft, kühn, unwiderstehlich. Ist das jetzt ein Heiliger oder nicht doch der bayerische Kurfürst Max Emanuel, der Türkenbezwinger, der sein Land, das alte Baiern, verspielt hatte und nun, seit 1715, wieder regiert? Absolut. Unangefochten. Paßt solches zu Niederbayern? Weniger.

Freilich, die Asams setzten Kunst in europäischem Maßstab an die Donau, ins niederbayerische Rohr, nach Alteglofsheim, Osterhofen, Aldersbach.

Paßt das zu Niederbayern? Es bindet.

Die wichtigsten Verbindungen sind die Donaubrücken, die von Nieder-Niederbayern nach Ober-Niederbayern führen, vom Kornland ins Waldland.

Gibt es zwei Niederbayern? Durchaus. Auch nur grob gerechnet. Es gibt neun Landkreise. Und sie ähneln sich nicht wie das Ei dem anderen. Und die Vielzahl der Gesichter zeigt sich nicht zuletzt in den Höfen und Häusern der Bauern.

Die nördliche Hallertau greift nach Niederbayern hinein.

Die Höfe dort sind nicht groß. Es langte, wenn man bescheiden war. Das blieb man auch. Doch das 20. Jahrhundert hatte gerade begonnen, da besann man sich hier einer besseren Verdienstquelle. Bier gehört nun mal zu Bayern, zu Niederbayern allzumal. Den Hopfen bauten andere an. Warum also nicht. Doch es hieß umlernen. Nicht nur technisch-handwerklich. Vor allem rechnerisch. So ein Bauerngütl in der Mischwirtschaft ernährte sogar durch ein mißliches Jahr die eigene Familie. Hopfen aber ist ein Markt mit Risiken, die Hopfenbörse ist anonymer als der Viehhandel oder der Kornverkauf, heute ist die Ernte schon verrechnet, bevor sie nur angebaut wird. So wuchs ein eigener Schlag Menschen heran.

Im Gäuboden hielt sich die Tradition der Anbauwirtschaft.

Und die weite fruchtbare Ebene zwischen Deggendorf und Straubing bot die Möglichkeiten zum Wohlstand. Was ein rechter Gäubodenbauer ist, der braucht weniger die Schläue. Er kann auf den rechten Stolz bauen. Gut, heute klingeln die Silbertaler nicht mehr sichtbar um die entsprechende Körperwölbung, aber daß man ein Sach hat, sein Geld im Beutel, wie es früher hieß, kurz, daß man ein Landwirtschaftsunternehmer guten Stils ist, das ersetzt keineswegs den Begriff realistisch einzubringender Schläue. Diese ist eine Berufsvoraussetzung. Man hat sich durchgesetzt. Das Haus blieb stattlich und wurde dementsprechend gerichtet und wohl auch eingerichtet. Warum nicht. Die Bodenständigkeit blieb nicht auf der Strecke.

Im Rottal, am Inn gegen Österreich zu, wo heute noch die schönsten Anwesen zu bewundern sind, hat die Vereinödung, der „Landschaftsstrich", auch einen anderen Menschenschlag hervorgebracht. Man wird ihn eher als „mittelständisch" bezeichnen dürfen, mehr in sich und seinen Raum eingeschlossen, fernab von Armut und Reichtum, durchaus mit Selbstverständnis, wenn auch kaum mit hervorgekehrtem Selbstbewußtsein. Am Ende dieses durch Donau und Inn begrenzten großen Raumes liegt die Perle Passau. Geistlich regiert von 999–1803.

Also ein vielgesichtiges Niederbayern südlich der Donau, sorgsam eingegrenzt durch Flüsse wie Isar, Vils, Rott, Laaber.

Ein Land mit Stallgeruch. Durchaus.

Wie gesagt, in Deggendorf mit Metten, im gleichfalls benediktinischen Niederaltaich mit seinen mächtigen Türmen, im wiederum benediktinisch gekrönten, politisch unterkellerten Vilshofen geht der Weg ins wäldlerische Niederbayern.

*Böhmischa Wind, i bitt di schee,
laß mir mei armselig Häusl steh.*

Armut bedingt Phantasie, Phantasie bezwingt Armseligkeit.
Der Bayerische Wald ist längst nicht mehr das Armenhaus Bayerns. Nur entwickelten sich eben hier die bäuerlichen Verhältnisse anders.
Eine Vielzahl von Lebensformen, Baustilen, Charakteren zieht sich vom Dreisesselberg über Freyung, Grafenau, Regen bis Viechtach. Menschen, die eher eingesponnen waren in ihre Umgebung, wo Wild, Wald, Holzschlag, Grenze, Lebensform und Alltag bestimmten. Dann kamen die „Fremden", Menschen, die die Wanderlust, die stille Erholung, der Waldtrieb, das Geisterhafte einer total geschlossenen Grenze, die billigen Preise, das gute Bier in den Wald lockten, also unterschiedliche Ursachen und fremde Mentalitäten, die es zu verkraften galt, denen man sich zuneigen mußte und sich nicht anpassen durfte. Und so stieg einiges in die Höhe, und der Besucher von Bodenmais am Arberfuß wird nicht den Eindruck der Rückständigkeit erfahren.
So hat sich das Waldlergesicht eher gewandelt als das des Gäubodenbauern, aber vieles, allzuvieles erscheint eben heute nivelliert, zeitbezogen, angepaßt.
Niederbayern, das letzte Haar am Schwanz des bayerischen Löwen. Stimmt das? Natürlich nicht, aber es ist ein kräftiger Winkpfahl gen das landeshauptstädtische München. Eine niederbayerische Identität in vielen Façetten ist geblieben. Auch sie muß man konservieren, und das ist schwieriger als das Pflegen von Denkmälern.
Europa in Ehren, aber Niederbayern darin als Denkmal?

Die alte Zeit, die gute?

Geschlecktes Aussehen wie geziertes Benehmen war bäuerlicher Lebensart stets zuwider. Heutige Heimat- und Brauchtumspflege aber bedarf eines gepflegten Instrumentariums zur Bewahrung des Gestrigen.

> *Was braucht ma auf an Bauerndorf*
> *was braucht ma auf an Dorf?*
> *An Knecht, der fleißig schwitzt,*
> *a Magd, dee net bloß sitzt,*
> *an Schmied, der fleißig bschlagt,*
> *a Hebamm, dee nix sagt,*
> *an Gaul, der wia der Teifi rennt,*
> *a schnelle Feuerwehr, bals brennt,*
> *gnua Stroh und Gsott und Heu,*
> *an Stall voll Küeh und Säu.*
> *A gsundes Wei, a festes Haus.*
> *So kimmt der Bauer aus.*

Vieles davon braucht es heute nicht mehr. Die Volks- und Heimatkundler registrieren genau die Veränderungen.

Wo sind die alten Zeiten hin? Kein Bauer trauert ihnen nach. In den faltenreichen Gesichtern der Alten kann man ihr Schicksal heute noch lesen: War man nicht in ein großes „Sach" hineingeboren, hieß es sich rackern und rühren, war man mit vierzig abgeschafft. Hatte man gar kein Sach, war man also als Häusler, Taglöhner, Magd, Knecht auf diese Welt gekommen, so gab es nichts als harte Gegenwart und eine ungewisse Zukunft.

Andererseits war das Leben gerundeter, gebundener. Die Heimat brauchte man nicht zu besingen, das Brauchtum nicht zu pflegen. Es ergab sich von selbst aus der kleinen Umwelt. Jeder Hof hatte sein Eigenleben. Die Felder, das Holz, die Wiesen, der Stall, der Stadel, der Backofen, der Wurzgarten, die Obstbäume, das Feldkreuz, der Misthaufen und daneben das Häusl mit Herz.

So hatte man's, so trug man's. Der Ertrag blieb im Haus, das Silbergeld im Beutel. Wenn der Bauer nicht soff, der Wirt nicht beschiß, der Lehrer nicht über die Stränge schlug und der Pfarrer keinen Heiligenschein vor sich hertrug, ließ es sich aushalten. Das Haushalten ging dann im natürlichen Kreislauf des Jahres, ein paar Streithansel gab's immer, das junge Blut kam im Umtrieb schnell zur Ruhe, gegen den Nachbarn schottete man sich ab.

Das Leben war nicht friedlich, geruhsam, gemütlich, aber geordnet. Je nach geographischer Lage freilich differenziert. In keinem Fall aber gab es „Freizeitprobleme".

Die Veränderungen im bäuerlichen Leben glätteten die Fassaden wie die Gesichter. Der Landwirtschaftsmeister, der Agrarwirt, ist kein Bauer mehr. Dieser war rundum ein Ökonom. Alles, vom Reisig im Wald für den Küchenherd, vom Rübenschnitz für den Saustall, von der Lederhose des Ältesten für den Jüngsten, hatte seinen Verwendungssinn und -platz.

Der andere, der heutige, ist ein Merkantilist. Er muß rechnen, er muß über den Hof hinaus handeln, er muß über den Wirtshaustisch weg politisch denken. Das zieht andere Falten um die Mundwinkel. Wie geht's um?, lautete durch Jahrhunderte die Frage. Wie geht's weiter?, lautet sie in der jüngeren Gegenwart. Aus Zweckbedingnis wurde Zweckmäßigkeit.

Wozu dient also heute der alte Bauernhof? Er dient nicht mehr, so wenig wie der Pflug, die Sense, die Sichel, der Kachelofen, der Waschtrog, der Backtrog, der Dreschflegel, das Spinnradl. Also weg damit, zuerst auf den Mist, dann in die Scheune, dann ins Museum oder gegen gutes Geld in eine Stadtwohnung.

Aber das Haus, das stand da. Es wurde zugerichtet oder abgerissen. Die neue Arbeitsweise, die neue Lebensart, erfordern den rechten Zuschnitt. Diese Logik ist bezwingend. Doch sie führte zu den Normen. Die Einheitsfrisur der Städte griff auf die Dörfer über. Ob Angerdorf, Hufendorf, Reihendorf, Runddorf, Straßendorf, Walddorf: Der Einheitsstil erzwang sich den Einlaß. So wie die Wolkenkratzer von Tokio bis Paris weltweit die Vorderansichten der Städte beherrschen, die Blue Jeans weltweit die Hinterteile der Menschen bedecken, so floß das Nüchternheitsdenken in die Dörfer, trocknete die Weiher aus, grub Bachläufe unter die Erde, verordnete den Genossenschaftshäusern des Bauernvaters Raiffeisen Fertigbeton- und Plexiglasansichten, hob die Fensterläden aus den Angeln und rückte die Hochaltäre in den Hintergrund. Und weil alles schnell gehen muß, weil sonst der Anschluß verloren wird, bleibt keine Zeit zum Nachdenken. Der Zug der Zeit ist ein Eurocity. Die rusticitas, die Dorfart, hat sich in die Stadtdielen verzogen. Frustriert, manipuliert, sterilisiert.

Wer zu einem Bauernhof hinsieht, guckt in eine variationsreiche Welt. Er kann hunderterlei Kleinigkeiten entdecken. Vielfalt, je hölzern die Bauart, um so mehr. Individuelles, je nachdem ob der Bauer auch ein Bastler war, eine geschindelte Hauswand. Ein Strohdach war ein lebendiges, vitales Insektarium, die kleinste der vielen Tierwelten. Da hing ein Laden schief, da war ein Balken gezogen, eine Leiter angelehnt, das Holz geschichtet. Die Giebel, der umlaufende Schrot, mit der Zeit mehr und mehr ein Kunstwerk, die Walmdächer, der Verputz, die Zaunstakketen, Gedrechseltes, Geschnitztes, der Augensprung zu einem Stockhaus, das nicht wohlhabend-protzig, aber pastoral-prunkend dasteht, zu einem Blockaus, das sich wie ein Stück Wald ins Land duckt, sind eine Augenweide, aber auch mehr: Eine Charakterstudie mit Hintergrund und Hintersinn.

Die Konservatoren haben die Haustypen Niederbayerns sorgfältig geschichtet: Blockhaus, Hallenhaus, Stockhaus, Rottalerhaus, Seitenflurhaus, Mittertennhaus, Steildachhaus, Wohnstallhaus. Ein besonderes Charakteristikum ist der „Schrot", wir sagen heute der Balkon, eine Art Lüftlraum für viele Dinge, zum Wäschehängen, zum Trocknen, Lagern, Abstellen, meistens durchs vorstehende Dach geschützt. Als man ihn nicht mehr brauchte, er also abgerissen wurde, verödete so manche Fassade.

Es ist wie mit einer Brille, die bei gekonnter Einfassung der Gläser so manches Alltagsgesicht „interessanter" macht.

Ein interessantes Land ist das niederbayerische Bauernland beileibe nicht. Aber mit dem Schrot hat es nicht den Kern seines Charakters abgelegt. Das ist beweisbar.

Obernaglbach · Kirchberg · Regen

Marchetsreut · Freyung/Grafenau

Gaindorf · Vilsbiburg · Landshut

Fuchsgrub · Eggenfelden · Rottal/Inn

Armstetten · Birnbach · Rottal/Inn

Laimbichl · Wurmannsquick · Rottal/Inn

Bei Simbach · Rottal/Inn

Bödldorf · Kröning · Landshut

Münchsdorf · Roßbach · Rottal/Inn

Heindlmühle · Ringelai · Freyung/Grafenau

Aigenstadl · Freyung/Grafenau

Tittling · Passau

Heinrichsbrunn · Freyung/Grafenau

Fassaden

My home is my castle

Der eigene Hof, das eigene Haus, ist der Befestigungsgürtel der Heimat. Über die Heimat generell kann man reflektieren, den Begriff weiten und engen, beim Hoamatl steht er fest.

Der niederbayerische Vierseithof mag geradezu als ein Symbol für den niederbayerischen Bauerncharakter gelten.

Im Rottal, dem Inn zu, bildeten sich zwei Besonderheiten heraus. Da ist das Stockhaus, ein bis ins kleinste durchdachter funktionaler Typ. Der durchgehende Flur, der Fletz, führt auf der einen Seite in die Stube, auf der andern in den Kuhstall, am Ende findet sich die Kuchel, von der Stube geht es direkt in den Roßstall, über der Stube sind die Kammern, über den Ställen die Futterböden. Praktischer geht es nicht mehr.

Aber fast möchte man sagen bei dieser Fassade, schöner geht's auch nicht mehr. Die weit heruntergezogenen Dachteile präsentieren einen bäuerlich-königlichen Anblick, ist gar ein zweistöckiger Schrot durchgezogen, von kunstvoll gedrechselten Pfeilern gestützt, mit Blumen geschmückt, in der Mitte die große Haustür, so ergibt sich eine Baukomposition von einmaliger Schönheit und unverwechselbarer Eigenständigkeit.

Ganz anders ein zweiter Rottaler Haustyp, Beweis für die Vielgestaltigkeit bäuerlichen Lebens. Das Rottaler Bauernhaus strebt mehr nach oben, sein Oberstock ist voll ausgebaut; wenn sich an den Wohnbereich eine Stallung anschließt, so ist sie den Rössern vorbehalten. Die „Rooß" kamen in der bäuerlichen Liebe gleich nach den Buben.

Durch Jahrhunderte wurden beide Haustypen aus Holz gefertigt, was eine Fülle von handwerklicher Feinarbeit ermöglichte. Erst im 19. Jahrhundert lösten die Maurer die Zimmerleute ab. Die Ziegeleien lieferten das Material. So entstanden neue Haustypen, äußerlich weniger heimelig, doch immer noch in kluger Verbindung von Fassade und Zweckmäßigkeit. Ergänzende Elemente von Holz und Stein sorgten für Vielseitigkeit, die Ziegeldächer für leuchtende Farbtupfer, so nicht das Blech über dem Haupt das frühere Strohdach ersetzte.

Das neue Nützlichkeits- und Komfortverhalten, das schließlich dem Bauern nicht vorzuenthalten ist, veröderte die ländliche Architektur.

So steht beim Auftrag „Dorferneuerung" auch ein gewichtiges architektonisches Kapitel zur Lösung an, an frühen Vorbildern, gerade in Niederbayern, ist (noch) kein Mangel.

Reden wir von der Bäuerin

> Die Bäuerin, die Mägde, sie dürfen nicht ruhn, sie haben im Haus und im Garten zu tun …

Reden wir einmal nicht vom Bauern, sondern von der Bäuerin. Ein „gschmoches Deandl" hätte es auf einem Hof keine acht Tage ausgehalten.

Wie viele Stunden hat eigentlich eine Woche? Fünfunddreißig Stunden zur Arbeit würden langen, meinen die Vertreter des Industriezeitalters. Da konnte (und kann) eine Bäuerin nur lachen. Von den einhundertachtundsechzig Stunden, die der „Regalator" allwöchentlich anschlug, blieben ihr gutgerechnet sechzig Stunden für Schlaf, Kirchgang und einen eventuellen Plausch mit der Nachbarin. Wir schauen jetzt einmal auf eine Kleinbäuerin.

Zwischen Nacht und Morgendämmerung stand sie auf, machte Herdfeuer, richtete das Saufutter zurecht, weckte die Kinder, kochte Morgensuppe oder Malzkaffee oder Milch, schnitt Brotscheiben und schickte die Buben und Mädchen in die Schule.

Je nach Lage der Dinge hatte sie vorher schon beim Kleemachen geholfen, Grünfutter eingefahren – per Schubkarre – Kühe ausgemolken. Dann gab es auch für sie den ersten Bissen.

„Die Weiber gehören ins Haus!" Das heißt in praxi: Sie hatten dort die ganze Arbeit zu leisten. Betten lüften und machen, kehren, putzen, putzen, putzen, dazu gehörten auch die Stallfenster und die Scheune, Brotzeit richten, kochen. Das Essen war derb, aber es mußte reichhaltig sein, dazwischen den Hund füttern, die Hennen, Milch für die Katzen, mal schnell wieder in den Stall, einstreuen, der Vormittag war weg im Nu, dann kamen die Esser, abspülen, Kartoffeln dämpfen, Rüben schnitzeln für die Schweine, dann in den Garten, je nach Jahreszeit säen, jäten, Beeren brocken, einmachen, Obst klauben, zusammenrechen, gießen …

Brot backen! Brot war das Hauptnahrungsmittel. Den Teig zubereiten, kneten, einstäuben, herausbacken, Übersicht behalten. Überhaupt galt es, die Vorratswirtschaft zu übersehen. Fehlleistungen kosteten Geld, meistens war keines da. Jesses, die Hühner müssen gefüttert werden, machen die Kinder ihre Schulaufgaben? Der Loisl ist schon wieder über alle Berge, „Muatta, näh mir schnell den Knopf an". Im Stall brüllt die Liesl, die wird doch nicht schon kalben, das würde den ganzen Tagesplan umschmeißen. Morgen ist Waschtag. Also die Zuber her und Wasch einweichen, hoffentlich ist die Huberin wieder gesund und kommt morgen zur Hilfe, Eier einsammeln, in den Stall, melken helfen, Abendessen richten, Küche sauber machen, Kinder ins Bett bringen, beten nicht vergessen, ich hab noch an Durscht, – nix da, gschlafen wird –

Der Bauer ist grantig. Du mußt dich mehr um d'Muatta kümmern, sie ko ja nimmer aufsteh', dee braucht aa ihr Ansprach! Dann zündete er die Lampe an und las die Zeitung. Die Bäuerin holte den Flickkorb, zerrissene Hosen, Strümpfe zum Stopfen, Wäsche zum Ausbessern – Gut Nacht, Alte, i bin saumiad, also halt noch eine Stunde Nadelarbeit solo, dann Spreißelmachen, Wasser nachfüllen, morgen also ist Waschtag.

Wäsche raus aus den Zubern, auswringen, kochen, bürsten, reiben, lichen, bleichen, hängen, abnehmen, bügeln. Morgen ist Markttag.

Kartoffeln, Salatstauden, Rüben, Radi, ein paar Blumen auf den Kirm, es muß alles gut, appetitlich, sauber ausschauen. Wo ist mein Tuechl? Muatta, es is gar koa warms Wasser mehr im Krand! Muatta, wo is denn die Medizin für d'Ahnin, sie röhrt scho wieder! Endlich aus dem Haus – Standl richten, freundlich sein, schwitzen, frieren, zugig is, schwül is, obacht beim Rausgeben, samma z'teuer? Standgeld zahlen – an Ratsch? Koa Zeit, i muaß hoam, vielleicht am Sunnta?

Erntezeit! Das hieß heuen, wenden, rechen, wegnehmen, binden, mandeln, ummandeln – Komm Oide, schick die, laaf hoam, daß die Brotzeit bringa kost! – Du, es steht a Weda am Himmi, komm, huif mit gabeln und ei'fahren, daß ma de Fuhr no trucka in Stadel bringa, wanns morng regnat, muaßt mit aufs Feld, Ruabn und Erdäpfel hacka. –

Herbst: Kartoffel klauben, Rüben ziehen, verlesen.

Dreschtag: Kochen, kochen, kochen, die Drescher fressen uns arm. Geh Bäurin, nimm net as kloanste Haferl und tua d'Nudeln a bissi besser schmälzeln und schlacht a paar Gickerl für d'Drischleg –

Winter: Ins Holz, Wied und Reigerl sammeln, war man ein bißchen wohlhabender: Richt an Sach auf Lichtmeß, wann de schlankeln woll, neue Hemader brauchts, a Hosn für an Knecht, Stiefeln. Du mußt überhaupt mehr auf d'Dienstboten schaugn, Mägd san Zugvögel. Host an Störschneida bstellt oder kimmt er von selba?

Beichttag: „Bäurin, auf a Wort. Dei Pepperl ist

jetzt scho zwoa Jahrl oid. I sehg aber no nix bei dir."

„Mei, Hochwürden, die viele Arbat am Hof und im Haus, und mir ham doch scho an ganzn Stall volla Kinda!"

„Tuats eich net versündigen!"

... sie graben und rechen
und singen ein Lied
und freun sich,
wenn alles schön grünet und
blüht.

Reden wir vom Bauern

**Ich bin ein dummer Bauer nur
im Spruch der eitlen Leute.**

Wilhelm Trunk

Reden wir jetzt also vom Bauern. Über Bauernmentalität sind schon ganze Bibliotheken geschrieben worden. Und jeder, lebt er nun in Ostfriesland, auf der Schnee-Eifel, auf der Schwäbischen Alb oder eben in Niederbayern, soll einen dicken Schädel haben. Jaaa, aber die in Niederbayern ham schon extrig dicke ...

Es war im Sommer 1944. Der letzte Kriegssommer. Der Hauptfeldwebel ließ seine Milchbärte zum Dienstappell antreten und verkündete, daß zwei Züge ab dem nächsten Tag für eine Woche zur Erntehilfe kommandiert seien. Prima, sagt einer, da kriegen wir wenigstens etwas Gescheites zu essen. Die Dusche kam sofort. Sie haben keine Ansprüche zu stellen, hieß es in astreinem Brandenburgisch, Sie bekommen eine Wurst mit und einen Laib Brot und verpflegen sich selbst. Am Mittag des nächsten Tages – es war glutheiß – standen wir im Hof des Ortsbauernführers eines großen Dorfes im Gäuboden und wurden verteilt. Drei Mann hoch kamen wir zum Leitner.

Wo ist der?

Woaß a jeds Kind!

Da aber kein Kind da war, suchten wir nach Soldatenart erst einmal lange. Die 300 g Frischwurst, Marschverpflegung für eine Woche, verputzten wir noch schnell, eine Halbe Dünnbier in der Wirtschaft getrauten wir uns nicht zu trinken. Dann standen wir in der Nachmittagshitze auf dem Hof, in den gerade ein hochbeladener Kornwagen einfuhr.

Seids ös de Soidotn?

Jawohl!

Na könnts glei abladen helfa!

Ja, ob wir vorher noch unseren Drillich anziehen dürften.

Meintsweng! Aber dalli. Und no steigts in Stodel hoch.

Wias geht, zoag i eich scho!

Es ging bis nach sechs Uhr. Die Einweisung war kurz und rauh. Aber im Nu hatte uns der Leitner im Griff. Er gab knappe Kommandos wie die Garben zu legen wären, es gab kein hartes und kein freundliches Wort, als wir einmal seufzten, widmete er uns einen ironischen Blick und die Bemerkung: „Do hauts an Dampf aussi, gell!"

Am Abend waren wir schweiß- und schmutzstarrend. Wo wir uns waschen könnten? Das schien ihn zu verwirren. Er verwies uns an die Bäuerin. Diese war eine große, stattliche Frau mit pechschwarzem Haar, ebensolchen Augen, einem flinken Blick und hurtigen Bewegungen. Zu unserer Überraschung führte sie uns in eine vorbereitete größere Kammer mit drei Federbetten, einem Waschzuber, einem alten Tisch und zwei Stühlen. Wir machten uns sauber, zogen wieder Uniform an und standen dann unschlüssig im Hof. Da kam der Bauer.

Hobts ihr koan Hunga net?

Ja, drucksten wir herum, wir wüßten nicht ... uns wäre gesagt worden ...

Schmarrn!

Mit diesem einen Wort wischte er einen Befehl beiseite.

Beim Essen sahen wir eine bunte Gesellschaft.

Der Leitner hatte 140 Tagwerk zu bewirtschaften, durfte also noch einen Knecht halten, bekam untertags französische und jugoslawische Kriegsgefangene zugeteilt, hatte polnische Zwangsarbeiter, einige Mägde aus der Umgebung, zwei Burschen, einen alten Taglöhner für die Erntezeit ... und uns. Wir erfuhren, daß um halb fünf aufzustehen wäre (in der Kaserne um fünf) und daß wir halt fleißig und anstellig sein sollten.

Wir möchten noch ins Dorf, uns mit unseren Kameraden treffen. Der Leitner schaute uns an und sagte kein Wort. Wortlos hatte er uns schon im Griff. Wir gingen also ins Dorf und erfuhren von einigen jungen Burschen, daß der Leitner zwar „a guata", aber „aa a scharfer" wäre. Und schon schlichen wir uns auf den Socken ins Zimmer.

In der dann kommenden Woche erlebten wir einen unaufdringlichen Souverän.

Der Leitner beherrschte den ganzen Feld- und Hofumgang mit ein paar Anweisungen, schon mal einen Raunzer, auch mal einem Fluch, vor allem an die Zugochsen hin, während er seine Rösser beinahe liebevoll behandelte.

Er sah alles, bemerkte alles, er korrigierte alles ohne großen stimmlichen Aufwand, doch er war da, so absolut da, daß sich auch nicht der geringste Widerspruch breitmachen konnte.

Zur Brotzeit am Morgen um neun, die eine Magd brachte, ging er heim und nahm uns mit. Schon am ersten Tag. Wir durften uns in die Stube zu ihm setzen. Das war eine Auszeichnung. Er fragte uns nicht aus, aber am zweiten Tag wußte er nahezu von selber alles. Unser Herkommen, unsere Wünsche, unsere Träume.

Er war neugierig.

Das überraschte uns. Er prüfte uns.

Ehs seids doch Gstudierte, ehs müßts doch ois wissen.

Anfangs hielten wir das für Ironie. Aber dann merkten wir, daß da ein durchaus selbständiger, selbstbewußter Mann, ein Bauer, durchaus selbstverständig genug war, von uns, den Buam, etwas abzunehmen. Beim Militär waren wir bereits Männer. Beim Leitner waren wir vom ersten Moment an die Buam. Und wir fühlten uns in dieser Rolle sicherer.

Am nächsten Morgen sagte der Leitner zur Magd, die mit der Sichel zum „Wegnehmen" bereit stand: „Heit derf der Franz bei mir!" Das war eine weitere Auszeichnung. Sie mußte freilich durch sauberste Arbeit verdient werden. Dafür machte er den Schnitt ein bißchen enger, was seine Mähder mit stiller Freude vermerkten. Von Stunde zu Stunde blickten wir tiefer in diese bäuerliche Welt, die Hierarchie, die Autorität, das Maßvolle, das Derbe, das Hinterfotzige.

Ehs Gstudierte do, eich mog er mehra, ihr müaßts eahm des song, daß ma z'vui arbatn müassen. Und d'Brotzeit is aa z'weni.

Einer von uns glaubte, das beim Leitner anbringen zu müssen.

Der Leitner, kleiner als seine Frau, rotblond und von beginnender leichter Korpulenz, reagierte unerwartet.

Er lief hochrot an, schlug auf den Tisch und verbat sich jede Einmischung.

Ihr mögts gscheite Bücher lesen könna, aba in die Gsichter lies i, d'Menschen kenn i, do könnts ihr mir gar nix o.

Der Leitner war mißtrauisch bis in die letzte Herzensfaser.

Er traute keinem, aber er machte keine Unterschiede. Er mißachtete das Verbot, das polnischen Arbeitern ein gemeinsames Essen mit den Deutschen untersagte.

Er war korrekt. Aber er sah und vermaß mit einem Blick durchaus die strammen Wadeln der Mägde und den runden, halbnackten Busen der Wadka. Am letzten Abend getrauten wir uns, zu fragen.

Ob er denn zufrieden sei. Immer nur in diesem Dorf. Die Welt sei doch groß und weit. Er machte mit der Antwort keine Umstände.

Naa, z'frieden bin i net. I woaß scho, daß i a

Mistbauer bin und bleib. I wüßt mir aa was anders. Aba i ghör do her, a Hoamat ka ma net ersetzn. Hoffentli könna ma's derhoitn.

Den letzten Satz begriffen wir nicht. Wir stießen nach, aber da sperrte er sich zu. Dann ging er an einen Wandschrank, holte eine Kassette heraus, eine Schnapsflasche und vier Gläser.

Er schenkte uns einen rassen Obstler ein, und wir verschluckten uns. Zum ersten und einzigen Mal lachte er laut und strich sich eine Prise Schnupftabak unter die Nase. Uns bot er wohlweislich keine an.

Dann langte er in die Kasse und gab jedem von uns zwanzig Mark. Wir waren erstaunt. Habt's es eich scho vodeant. Wart's recht fleißig. Mei, ois muaß ma könna, gell. Und jetzt pfüat God beinand.

Sollten wir jetzt salutieren oder den deutschen Gruß anbringen? So verdattert wie wir kamen, so gingen wir.

Was sind acht kurze Tage in einem langen Leben?

Aber der Gäubodenbauer Leitner prägte sich ein wie eine Falte, die stets zur Nachdenklichkeit zwingt.

Zeiling · Arnstorf · Rottal/Inn

Rattenbach · Rimbach · Rottal/Inn

Massing · Rottal/Inn

Niederperach · Perach · Altötting

Frauendorf · Mitterskirchen · Rottal/Inn

Oberhöft · Falkenberg · Rottal/Inn

Tittling · Passau

Schmidhub · Tann · Rottal/Inn

Ed · Unterdietfurt · Rottal/Inn

Lederbach bei Griesbach · Passau

Hohenthan · Wittibreut · Rottal/Inn

Tittling · Passau

48

Tittling · Passau

Bei Griesbach · Passau

Lederbach bei Griesbach · Passau

Dobl · Birnbach · Rottal/Inn

Ehhalten

> Boarischer Bauer
> bist a ganz schlauer
> du, du
> stehst so früah auf.
>
> Kaum legst di nieder
> schreit der scho wieder:
> Auf, auf!
> Buama, steht's auf!

Reden wir jetzt also von den Dienstboten, den Ehhalten.

Jeder größere Hof hatte seinen ersten Knecht, oft Großknecht geheißen, und vom Taglöhner bis zum Hüterbuben eine Vielzahl von Hilfskräften. Was in einem Jahrhunderte währenden Prozeß abgebaut wurde, die Abhängigkeit, also Leibeigenschaft, Hand- und Spanndienste, der Zehnten, das übertrug sich, wenn auch nicht nahtlos, so doch sinnfällig auf das Verhältnis zwischen Bauer und Bäuerin, Knecht und Magd.

Lichtmeß, der 2. Februar, war einer der wichtigsten Tage im Bauernjahr. Zu diesem Termin schlenkelten die einen, das heißt, sie verließen den Hof, und es traten die neuen an. Eine Vielzahl von Brauchtum, guten und schlechten Gewohnheiten, war mit diesem Tag verbunden, in vielen Fällen wurde er zur Charakterprobe. Endlich hatte man etwas Bargeld auf der Hand, dem einen lief es schnell durchs Maul, der andere legte Kreuzer zu Kreuzer, Gulden auf Gulden, in der Hoffnung, selbst ein aufgelassenes kleines Gütl erwerben zu können. Im Durchschnitt erhielten die Knechte 50 Gulden im Jahr, die Mägde die Hälfte, dazu kamen Textilien und Naturalien, sie waren teils sogar genau festgelegt: Ein Paar Schuhe, Hemden, Hose, die Mägde Leinwand.

Auch die Ehhalten hielten eine Art Ehrenkodex. Die Verpflichtung zu Lichtmeß dauerte mindestens ein Jahr. Wer dazwischen seinem Herrn davonlief, hatte kein gutes Renommee mehr, auch in den eigenen Kreisen, später konnte er sogar bestraft werden. Die Abhängigkeit war im übrigen total, sie ging bis zum Züchtigungsrecht. Je nach Ortslage griffen die Vorschriften gänzlich in das ohnehin geringe „Privatleben" der Ehhalten ein. Sie durften am Abend nicht im Freien plauschen, die Männer nach Belieben ins Wirtshaus gehen, die Mägde gar einen Freund halten.

Sitte ging über alles. Es war nicht selten, daß am frühen Abend die Bäuerin oder die Großmagd die „Menscherkammer" verschloß, um jeglichen Um- und Ausgang zu verhindern, wobei dem Fensterln per Leiter zu viel komödiantischer Zufluß zuzuschreiben wäre. Die Knechte hausten erbärmlich, meist in einem Bretterverschlag im Stall, oft zu zweit in einem Bett, im Winter eiskalt, im Sommer brühheiß, doch zum Schlafen war eh nur wenig Zeit, das „glangte".

Im übrigen hing das gegenseitige Verhältnis

ganz vom Charakter des Bauern ab. In den kleineren Höfen war das unproblematischer. Da wuchsen Knecht und Magd der Familie zu, vor allem dort, wo nicht der Gelderwerb dominierte, sondern der natürliche Umgang. Wo der Hof rund ums Jahr die Seinen ernährte, nicht üppig, aber ausreichend, und die Ansprüche entsprechend gestellt wurden. Als der Bauer mehr und mehr Volksernährer wurde, wuchs er in die Rolle des Arbeitgebers hinein, der, was ja gerne übersehen wird, durchaus wieder in Zwängen lebt. Die unbarmherzige Arbeitslast der Erntemonate, die Wetterabhängigkeit, die Familienproblematik und weitere Unabwägbarkeiten setzten einem Bauern je nachdem schon gewaltig zu. Und nicht jeder seiner Ehhalten war dienstwillig, zuverlässig und arbeitsfreudig.

*Fressen für drei
und saufa für vier.
Z'Mittag a Schweiners
auf d'Nacht zwoa Maß Bier.*

Das Hin und Her in der Beurteilung hie Bauer da Dienstbot hängt auch vom Augenwinkel des jeweiligen kritischen Betrachters ab. Es bleibt die Tatsache, daß der soziale Status der Ehhalten im Dorf miserabel und die Zukunftsaussichten gleich null waren. Das Dorf regierten die großen Bauern, der Bräu und der Pfarrer. Im zweiten Glied marschierten der Lehrer, der Kooperator, der Viehhandler, der Schmied, der Wagner und der Zimmermann, je nachdem ein weiterer Handwerker, der, wohlgemerkt, ein Sach hatte.

Alles andere zählte nicht.

Landwirtschaftliche Arbeiter konnten keine Familie gründen, aber auch die Bauern hatten es finanziell schwer. In der Regel bekam der älteste Sohn den Hof, die anderen Kinder mußten ausbezahlt werden.

Da der Kindersegen in der Regel groß war, mußte sich der Bauer verschulden oder er mußte Grund abstoßen. Also war er seinerseits gezwungen „reich", das heißt gut situiert, zu heiraten, Sach zum Sach, aber einen gewissen Wohlstand sicherte nur der Vierzehnstundentag.

Den hatten Knechte und Mägde auch, in den Erntemonaten noch mehr, ließ ihre Arbeitskraft mit fortschreitendem Alter nach, hatten sie keine soziale Sicherung; es blieben Gnadenbrot, Armenhaus, Bettelgang oder Untergang. Hieraus wird wieder verständlich, daß der „run" auf den „guten Bauern", der einen hielt und nicht einfach fallenließ, groß war und ein entsprechend schlechter Ruf durchs ganze Gäu ging.

*Bauer, di kennt ma scho,
an dir is gar nix dro.
Nimmst deine Leit bloß aus.
des is a Graus.*

Ein Graus jedoch war der soziale Status für die unehelich geborenen Kinder. Der Keuschheitsgürtel, den man den Mägden umhängen wollte, war ja nie festgezogen. Die Behauptung, diese jungen Mädchen hätten die Schwangerschaft geradezu gesucht, weil sie dann weniger arbeiten mußten, zeugt von wenig Intimkenntnissen. Kinderkriegen war auf dem Land ohnehin kein besonderes Ereignis, und es durfte den Arbeitsalltag nicht über Gebühr stören. Mutterschaftsurlaub wurde beim „Dingen" an Lichtmeß bestimmt nicht ausgehandelt.

Die ledige Magd mit vollem Bauch war von Stund an ein Mensch, wurde nicht unmenschlich, aber auch nicht ihrem Zustand entsprechend rücksichtsvoller behandelt, kam ihre Stunde, mußte es schnell gehen, wenn sie Glück hatte, starb der menschliche Wurm im zartesten Alter. Die Gesundheit eines junggeborenen Kalbes war bedeutend wichtiger als ihr Balg.

Das Kind hatte keine Zukunft, es sei denn, es entwickelte sich zu einem besonderen Talent oder es fand den zitierten „guten Bauern" per Zufall.

So war es kein Wunder, daß viele ärmere Bauerntöchter lieber den Schleier nahmen, sie kamen als honorig-heilige Frauen ins Dorf zurück, und ihr Fatschenkinderl war gesegneter als ein lebendiges in der Wiegen.

Nach 1945, da jene Agrarrevolution ins Haus stand, die vorsorglicherweise nie als eine solche bezeichnet wurde, war innerhalb weniger Jahre die Veränderung in der bäuerlichen Humanwelt total.

Was mit vom Tisch gefegt wurde, waren die letzten Reste eines vielseitigen Brauchtums, das sich aus dem Zusammenwirken von Natur–Arbeit–Glaube–Aberglaube–Realitätsbezug–Wunschdenken gebildet hatte.

Die Alten reden noch von der schweren Last,

aber auch der guten Genügsamkeit ihrer Jugendjahre, die Komödienschreiber schwelgen in der Farbigkeit, die Soziologen in der Kargheit dieses Lebens, und die Volkskundler schwingen ihr Fähnlein im Wind links von der Mitte.

Waarst net auffigstiegn,
waarst net abigfallen.
Hättst mein Schwester gheirat,
waarst mein Schwoga worn.
Hättst a Häusl kriegt
und a Kueh dazua.
Und a Millisuppn in der Fruah.

Von Anfängen

Ein Brotlaib auf dem Tische ruht,
rück vom Haupte, Baur, den Hut.

Georg Britting

Bei uns zu Hause wurde kein Brotlaib angeschnitten, bevor nicht die Mutter drei Kreuzln auf ihn mit dem Messer gestrichelt hatte. „... damit immer ein Brot im Kasten ist!" Dabei waren wir weder eine besonders fromme, schon gar nicht eine bäuerliche Großfamilie.

Der Bauer und der liebe Gott hatten ihr gesondertes und geordnetes Verhältnis. Und bis heute hat eine gute Hagelversicherung das Gottvertrauen noch nicht völlig verdrängen können.

Der Bauer verstand sich als Mittler. In all seiner durch Jahrhunderte gehenden äußeren Not und Mühsal sah er sich „seinem" Herrgott näher als sein weltlicher oder geistlicher Herr. Er begleitete ihn durchs Jahr. Das begann mit der Notierung der Jahrzahl durch geweihte Kreide an der Haustür. Dazwischen C + M + B. Nichts mit Caspar, Melchior, Balthasar – Christus mansionem benedicam – segne dieses Haus.

Sichtbar für jeden, unter wessen Schutz sich Haus und Hof stellen. Und viele offene und stille Handreichungen zum „lieben Gott" erfolgten durchs ganze Jahr. Die Flurumzüge, die Prozessionen, die Wallfahrten, gewiß jedoch der Kirchgang hatten (und haben) ihren öffentlichen Charakter. Man wird dabei gesehen. Aber die kleine Kapelle, die Kappel, die gipserne Maria (Gott, wie kitschig), das Gartensträußerl davor, die Feld- und Wegkreuze, die Votivtaferln – Maria hat geholfen – die Wetterkerzen, der Herrgottswinkel, das waren die stillen, feinen Gesten, die man oft nur anwandte, wann's wirklich ernst wurde. Das war jenes gewachsene und immer neu keimende Gottvertrauen, das zum Bauernleben eben dazugehörte wie der selbstgebackene Brotlaib. Bauern waren keine bigotten Frömmler; niederbayerische Pfarrer waren immer auch ein Stück Bauer – irden, fleischlich, das Evangelium handgreiflich vermittelnd.

Geistliche Bräuche gab es die Menge, und es gab auch den Aberglauben, und, jawohl, es gab sie, die Druden, die Hexen, die Kobolde, die Geister. Natürlich lachte man darüber und wies alles weit von sich. Aber nix Gwisses woaß ma net! Schließlich hat die Ahn Stein und Bein gschworen, „daß in der letzten Heiling Nocht, wo's sie dahoam bliem is, weil era net guat war, daß do ans Fenster pumpert hot und gruafa: Geh in d'Metten, oide Pletten!" Mit Geisterstimme. Und des, trotzdem sie scho a Stückerl Kletzenbrot in Garten einigrabn hot, auf daß im Früahjahr Kraut und Kohlrabi sauber wachsen.

Und daß man auf Neujahr die Geister vertreibt mit Schießen, Peitschen, Knallen und Schellen hatte einen eigenen guten Sinn. Vorsichtiger war man schon am Karfreitag, wenn man das Viehfutter mit Weihwasser besprizt hat, daß keine Krankheit in den Stall fällt. Nicht jeder Pfarrer hat das gern gesehen. Man mußte überhaupt sein eigenes Verhältnis zu den heiligen Sachen finden. Und da brauchte es Mittler: Die Heiligen.

*Heiliger Sankt Florian
schütz unser Haus ...*

... den weiteren Spruch kennen wir. Es war nicht bös gemeint. Aber man brauchte viele weitere: Den Leonhard für die Roß, den Blasius für den Hals, den Georg wider die bösen Mächte, den Josef für Ehetreu und Zimmermannskunst, den Petrus fürs Wetter, es konnte gar nicht genug geben, nicht zu vergessen der heilige Gotthard aus Niederaltaich, der seinen Hut an einem Sonnenstrahl aufgehangen hat und äußerte – sinngemäß modern formuliert: Lieber ein Abt in Bayern als ein Bischof in Preußen.

Also es gab schon was zum Einhalten.

Der gekreuzigte Heiland, zumindest aber das christliche Symbol, schmückten viele Hausfassaden, später wurde das Kreuz auch eingemauert – Bauernland war christliches Land.

Das ist es geblieben, wenngleich die Glocken etwas leiser zu klingen scheinen.

Die „heilig Sacha"

> Primus quaerite regnum Dei et iustitiam eius, et haec omnia adicientur vobis.
>
> **Sucht zuerst das Reich Gottes
> und seine Gerechtigkeit,
> und es wird euch alles hinzugegeben.**
>
> Aus der Regel des heiligen Benedikt

Die Mönche waren im übertragenen Sinne die Lehrer der Bauern. Niederbayerische Frömmigkeit ist keine frömmelnde Abstraktion. Um 770 zogen die Benediktiner nach Metten, um 740 bereits nach Niederaltaich. Sie begannen mit unendlicher Mühsal und nimmermüdem Fleiß das umgebende Land zu roden, zu bebauen, zu kultivieren. Unter ihrer Ägide verschmolzen Agrarkultur und Handwerkskunst zu jener sinnvollen Einheit, die die Dorfstruktur durch Jahrhunderte trug. Es gibt guten Grund zur Annahme, daß das erste Rechtsbuch der Bayern, die Lex Bavariorum, von Niederaltaich ausgegangen ist, dessen erster Abt, Eberswind, westgotischer Abkunft war. Niederaltaich wurde ein Ableger der berühmten Reichenau, Metten jedoch war eine Stiftung örtlicher Edelleute.

Die Legende weiß es anders.

Als Kaiser Karl der Große sein Riesenreich abrundete und begrenzte, gab er dem Mönch Utto eine Axt und hieß ihn, diese hoch in die Lüfte zu werfen. Utto tat wie ihm geheißen, mit mächtigem Schwung warf er die Axt hoch, und sie fiel just in dieses Tal. Hier baust du ein Kloster, sagte der Kaiser.

Der hochedle Gamelbert, Mettens Gründer, wird es verzeihen.

Das agilolfische Bayern, dessen letzter Herzog Tassilo über 300 Kirchen erbaute, wird von den Benediktinern überschwenglich geschildert: „Herrlichstes Land, erstrahlend in Anmut, reich an Wäldern, ergiebig an Eisen, Silber und Gold, hochgewachsene Männer, strotzend von Kraft, gutmütig im Wesen und handsam bei der Arbeit, ein gesegnetes Erdreich, Herden so viel, daß sie fast den Boden bedecken, Bienen und Honig in Mengen, das Land durchzogen von Quellwassern und hellen Bächen, in den Seen und Flüssen ein Gewimmel von Fischen, auch das Bergland für die Weide gut zu bereiten, die Wälder besetzt mit Wildzeug aller Art."

Terra benedicta.

Ökonomische und politische Verflechtungen lassen die Klöster erblühen, ihre künstlerischen und wissenschaftlichen Leistungen bilden die Grundlage abendländischer Kultur in jenem Land, das der Römer Tacitus eben noch als stinkend befand. Es lebt sich gut unter dem Krummstab, eine nicht nur oberflächliche Floskel. In Metten befindet sich die Klosterbibliothek mit einem

Bestand von über 100000 Bänden in einem der prächtigsten Räume seiner Art, der allein schon jeden Besucher in seinen Bann schlägt.

Die Benediktiner in Metten wie in Niederaltaich bedienten sich der ersten Künstler ihrer Zeit, um Kirchen von höchstem Rang zu bauen und auszustatten.

Wichtiger aber ist der bleibende Eindruck, der von diesen Klöstern aus ins Land ging. Jüngere Publikationen über Niederbayern suchen mit genüßlicher Akribie rote Inseln in diesem ach so schwarzen Land und unterlegen den frechen Liedermachern, die es immer gegeben hat, und waren es bloß die süffigen Gstanzln beim Bierfest, revolutionären Geist und Widerstand.

Der Verlust der Beschaulichkeit hat festen Boden auch in Niederbayern weltanschaulich gelockert. Nicht zu der Menschen Schaden. Auch hier gab es Unterdrücker, aber es gab eben keine „rote Erde". So spinnt sich ein weitmaschiges, nahezu unsichtbares, aber doch bindendes Netz von Godehard, dem ersten bayerischen Heiligen, bis zu den frommen Frauen von Tettenweis, ausstrahlend in ein Land bäuerlicher Herzhaftigkeit, in dem ein kerniger Fluch oft genug den frommen Spruch niederbügelte.

*Horch, was kommt von draußen rein,
wird wohl mein Feinsliebchen sein.*

Das hatte nur sehr bedingte Geltung im Niederbayerischen. Auch das Feinsliebchen, das neben einem roten Goscherl ruhig schwarze Fingernägel haben durfte, wenn es nur zur Arbeit taugte, holte man sich lieber aus dem eigenen Gäu und zog die Grenzen eng.

So blieb und bleibt man mißtrauisch auch gegenüber den kritischen Ratschlägen von draußen rein. Daß ein „roter" Bürgermeister einen „schwarzen" Baron auch mal zügeln kann, zieht manches Grinsen durch die Mienen, doch werden solcherart auch keine Minen gelegt für langzeit schwelende Staatsverdrossenheit, und kein Kalvarienberg wird zum mentalverfremdenden Kreu„t"zberg degradiert.

Geht vorbei und schaut nicht rein ...

Frauenleiten · Tann · Rottal/Inn

Gerholling · Lalling · Deggendorf

Niederndorf · Arnbruck · Regen

Frauenleiten · Tann · Rottal/Inn

Hermannsried · Regen

64

Unterzettling · Hohenwarth · Cham

Hermannsried · Regen

Imerlsöd · Wittibreut · Rottal/Inn

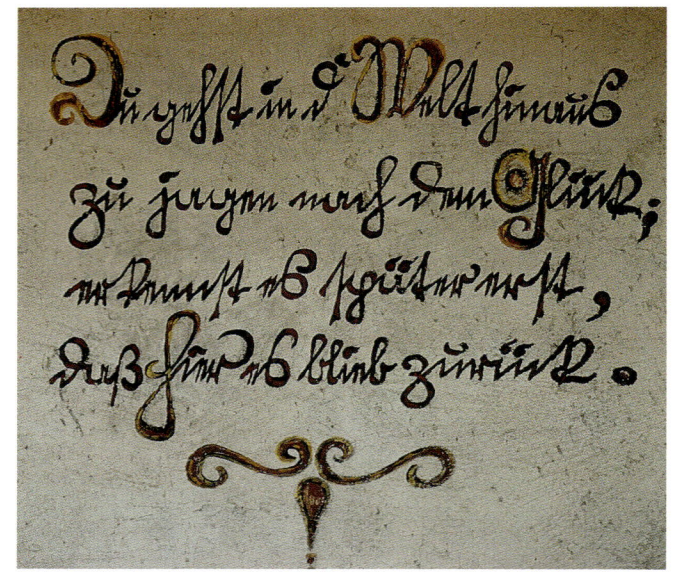

Pichler · Stubenberg · Rottal/Inn

Lindberg · Regen

Bei Sommerau · Lohberg · Cham

Hohenthan · Wittibreut · Rottal/Inn

Niederndorf · Arnbruck · Regen

Der Bräu

„Aus nicht mehrer Stuck, denn allein Gersten, Hopfen und Wasser"

(Herzog Wilhelm IV. von Bayern)

Daß die industrielle Welt die alten Handwerksberufe ins Museum verdammen würde, war vorauszusehen: Die Seiler, Feilenhauer, Hufschmiede, Steinbohrer, Fuhrleute, Wagenmacher, die Schopper, die Bootsbauer, die Zillen und Plätten fertigten und „schoppten", also abdichteten, die Holzdrahthobler, die Schindelmacher. Einige hält es noch am Leben, weil manche Zeitgenossen ganz gerne noch oder zumindest äußerlich wieder so leben wollen wie die Vorfahren und sich mit deren Gewohnheiten erneut anfreunden. Doch zum Gewerbe gedeihen diese Beschäftigungen nicht mehr.

Daß aber so ein kerniger, urbayerischer Berufsstand wie der Brauer professionelle Schwierigkeiten bekommen könnte, das schien zumal in Niederbayern unglaublich. Daß wir zwischen dem Brauer und dem Bräu sorgsam unterscheiden müssen, weiß jeder hierzulande, trotzdem sei es angedeutet.

Wenn auch nicht gerade in jedem Dorf, so aber doch in angemessener Umgebung befand sich ein Bräu, eine Brauerei. Ja, man trank doch nicht das Bier von der unleidigen Nachbarschaft, das ja gar nie nicht so gut wie das eigene schmecken konnte. Und es wäre ja auch ein wengerl mehr als ein wengerl riskant gewesen, beim Bier fremdzugehen. Eher schon …?!

Der Bräu war die Respektsperson „vor Ort". Er hatte was, meistens ein wengerl, ja schon ein wengerl mehr als man selber einbrachte, so an die stuckera ein Dutzend Wirtshäuser gehörten ihm, er besaß eine Landwirtschaft, machte so manche Gschäfterln in der Stadt, in die man nicht genau hineinsah; er war freundlich, liebenswürdig, vornehm, zurückhaltend oder saugrob, streitsüchtig, jähzornig, dickleibig oder melancholisch, schlampig, zaundürr, ungewaschen – ganz wurscht wie er war: Er war der Bräu.

„Ja Martl, i hob di ja scho a Ewigkeit nimma in da Wirtschaft gsehng. Geht's dir net guat, vatrogst as Bier nimma oder gehts grod bergab, kost dirs nimma leisten? I hob do so was gheart!" Da blieb einem doch gar nichts anderes übrig, als am selben Abend in die Wirtschaft zu gehen.

Aber das waren Ausnahmen. Beiderseits. Das Bauerngschäft machte Durst, genug und zum dischkrieren gab es immer was.

Ganz anders die Lage, wenn der Bräu der Herr Baron war oder blaublütig gar noch höher angesiedelt oder der Herr Ökonomierat oder gar Seine Gnaden, der Herr Abt. Das war ja eine Art Standesbier, eine Ehre, daß man da überhaupt mittrinken durfte. Aber es ging ja nicht nur ums Trinken. So ein Bräu hatte diverse Beziehungen. Zu Handelsleuten, zu Amtsleuten, zu Politikern. Und dann war der Bräu in jedem Verein, in vielen sogar Vorstand, er verstand was vom Geld, von Geschäften, er wußte diesen und jenen Rat.

Politisieren konnte man gut mit ihm, wenn er nicht zu hoch lag, Politiker war er selten. Aber am Honoratiorentisch saßen sie schon, die Herren Abgeordneten, die Herren Räte, die Herren Direktoren, die Herren Professoren. Zuerst immer ein bisserl distanziert, geziert, zugeknöpft, aber der Bräu knöpfte ihnen zuerst die Weste, dann den Rock, schließlich das Maul schon auf, und wenn er was Besonderes wollte, holte er ein besonderes Gebräu aus dem Keller, und dann löste sich die Zunge und so manches Problem.

Ohne den Bräu wäre nichts gegangen. Nicht selten kam der Bräu von nebenan, und man trank sich zu. Einträchtig. Was sollte denn schnöde Konkurrenz? Erstens war man überzeugt, daß das eigene Gebräu sowieso das bessere wäre, zweitens hatte man ja sein Sach und sein Auskommen, drittens lebt sichs gemütlich leichter, und viertens kann man ja immer was dazulernen und wenn man fünftens bloß einige Neuigkeiten erfährt.

Der Radio hat diese Gemeinsamkeiten auf allen Ebenen beim Bräu nicht zerstört. Im Gegenteil. Was der Radio gesagt hatte, regte zum Diskurs geradezu an.

Und nicht zu vergessen: Auch die Nase war angeregt. Es war einfach ein bayerisch-heimatliches Wohlgefühl, wenn die Maische vom Sudhaus herüber ihren Würzduft sandte. Da wurde die Zunge gleich trockener.

Der Bräu hat Feste ausgerichtet, daß es eine wahre Freud' war. Kirchweih, Patrozinium, Prominentengeburtstag. Daß er dabei nicht schlecht, sondern saumäßig gut verdient hat, ja mein Gott, das war halt sein Geschäft. Dafür gab es bei einem Brand Freibier für die Feuerwehr, und wenn es länger kein Freibier mehr gab, brannte es halt mal wieder; er gab ein Leichenbier, er stiftete Fahnenbänder beim Vereinsfest, er ließ sich nicht lumpen. Und gegenüber denen im Umkreis verteidigte man „sein" Bier, es schmeckte ja wirklich anders. Was ein richtiger Braumoaster war, der hatte seine Geheimnisse des Würzens und die hütete er mehr als heute die Coca-Cola-Fabrikanten. Ein Kracherl hat der Bräu auch hergestellt. Eine Limonade mit viel Kohlensäure, die beim Öffnen der Flasche hochschnellte wie angeblich der Schampus, von dem man nur hörte, aber den man bestimmt nicht trank. Und das Kracherl tranken halt die Kinder, sonst nicht einmal die Pfarrhauserin.

Der Pfarrer? Ja, der war ein guter Freund vom Bräu. Wenn er das nicht war oder wurde, konnte er sich gleich selber die letzte Ölung verpassen.

Niederbayern, ein Bierland? Ja, warum denn nicht? Es gab nicht nur den gestandenen Bräu, es gab auch den Einmannbrauer, den Bauern, der einen Sudkessel in einer Scheune stehen, der seine Privatkunden hatte und zwei bis drei Wirtshäuser zum Versorgen, der eine Ecke in der Stube für einen schnellen Durst oder einen längeren Ratsch bereithielt, bei dem man, wenns sein mußte, noch das Abendbier abholen konnte, der's einem auch auf den Hof brachte.

Bierdimpflig war das nicht. Bauern haben keine Zeit zur Dimpfelei. Freilich, ein paar Dippel gibt es immer, die sich krank und schließlich zu Tod saufen, jeder lebt halt wie er mag und wie er's kann, wenn's ihm schmeckt, warum nicht, aber das waren nicht die Partner eines Bräu.

So ging das durch die Jahre, durch die Jahrzehnte, über ein Jahrhundert.

Dann kam die neue Zeit. Und es kamen die Amerikaner. Und die brachten Coca Cola und Hotdogs und Hamburger und Big Mac, juice, soft-drinks, Cocktails, Whisky on the rocks, Ginger Ale, Gin Tonic, Bitter Lemon.

Und Television.

Und dahin war's mit der Dorfgemütlichkeit. Wer geht denn ins Wirtshaus, wenn Fußball und Krimi und News und Musikanten- und Komödienstadel frei Haus geliefert werden. Wie der Kasten Bier.

Und dann kam die Konzentration. Und dann verkaufte der Herr Baron; der Sohn vom Ökonomierat studierte Jura und ging in die Politik, wenn er heimkam, sprach er von der nötigen Konzentration, die „Krone" machte zu, und der „Stern" machte eine Pizzeria auf und der „Löwe" ein Bistro und der „Adler" liierte sich mit MacDonald und die „Sonne" mit Burger King.

Und die Journalisten schrieben so lange vom Brauereisterben, bis auch dem letzten die Hosen voll wurden, und dann kamen die Herren aus der Stadt und konzentrierten, und dann kamen die Herren aus der Groß- und Weltstadt und konzentrierten weiter, und dann kamen die Herren aus der Europastadt und radierten das Urbayerischste am Bier, das Gebot zur Reinheit, aus.

Und jetzt?

Eigenartig. Jetzt beginnt sich das Radl langsam wieder zurückzudrehen. Vielfalt statt Einfalt, Herz statt Hirn, Braustatt statt Walstatt, Dischkurs statt Kommentar, Gemüt statt Gesetz, ja sogar das Wort Heimat, hierzulande Hoamat, wurde wieder hoffähig. Mundfertig. Maulfroh.

So manchen Rückschwung haben wir übrigens den sogenannten Fremden zu verdanken, die nicht wegen der Konzentration, sondern wegen unserer Hoamat, unserer Gemütlichkeit, unserer Beharrlichkeit, auch unserem Bier, ihr Geld bei uns lassen. Und auch ein Stück Gemüt.

Man muß ja nicht so weit gehen wie der Frater Hieronymus selig, der Bräumeister vom benediktinischen Brauhaus, selig, der allen Ernstes sagte: Wenn des biblische Geschehen, des heilige Abendmahl, net do drent in Palästina, sondern bei uns Niederbayern passiert waar, dann hätten die Apostel nia an Wein, sondern a Bier trunga. O mein Jesus Barmherzigkeit. Gott sei seiner Brauerseele gnädig.

Ohne Bier koa Lebn

Oans, zwoa, drei – Gsuffa!

Nichts gegen die Wiesn, die Münchner Theresienwiese mit dem September-Oktoberfest, jener Monstergaudi zu den Superpreisen und zeltplanengemogelten Bierpalästen, in denen für das vornehmere Publikum Abseitsplätze bereitgehalten werden, sozusagen Wiesenlogen mit Proszeniumsblick. Die Wiesn gehört zu München. Aber bitte!

Bierfeste gehören auch zu Niederbayern. Und auch hier hat sich zum guten alten Brauch manche Neuerung geschlichen, ganz unvermeidlich; vor allem für die Gäste wird so manche Verseppelung veranstaltet, wozu es auch eines „Conferenciers" bedarf, der papageienhaft in einen Lurexsmoking gekleidet ist, es gibt keine bayerische Musi, sondern einen Verschnitt zwischen Böhmen und Texas und allerspätestens um neun wird geschunkelt, weil es am Rhein so schön und höchste Zeit zum Gehmermalnüberzumschmiedseinerfrau ist.

Aber es gibt sie noch, die urigen Dorffeste, wo es nach Bier, Kraut und Bratwürsten riecht und nicht nach Pommes, Ketchup und Schaschlik. Man muß beileibe kein Bierdimpfl sein, um schnell herauszukriegen, ob er stimmt oder nicht. Der Stil nämlich.

Gut, reservierte Ehrenplätze gibt es immer und überall. Aber auf einem richtigen niederbayerischen Bierfest sitzen da nicht einmal die Journalisten, schon gar kein Landrat, Abgeordneter oder gar der Bürgermoasta. Ja, wo käm er denn mit „seinem Volk" besser ins Gerede als hier. Im Bierzelt kann man sich auch lockerer die Meinung sagen. Zuerst aber wird einmal der Kragen gelockert und a „guata Plotz" anvisiert. Nicht zu nah bei die Fassln und die Schenkkellner, weil's da ewig laut zugeht und nicht zu nah bei der Musi, weil's da noch lauter zugeht. Immer schön in der Mitten. Das muß schon ein hautig heißer Sommernachmittag sein, wenn man die erste Maß in einem Zug stemmt. Im Grund ist das gute Starkbier viel zu schad, auf daß man's bloß oafach obischwemmt. Freilich, eines ist wahr: Der erste Schluck ist der schönste. Wenn das Bier so die Lippen genetzt, die trockene Zunge genäßt, den Schlund erreicht hat und dann kühl durch die Kehle rinnt, das ist der reine Genuß, den man nicht gleich durch die Zunahme einer Brotzeit zerstören darf. Starkbier ist Nahrung genug. Das wesentliche Merkmal von Starkbier ist ein hoher Anteil an Stammwürze. Diese besteht aus gerösteter Gerste, die in Wasser gelöst wurde. Keimt diese

Malzgerste aus, entstehen Substanzen, welche die in der Gerste steckende Stärke in Zucker umwandelt. Dieser sogenannte Malzzucker wird mit Bierhefe versetzt und zu Alkohol vergoren. Wieviel Alkohol ist nun im Starkbier? Die Faustregel lautet: Dividiert durch drei. Hat also ein schwarzer Bock beispielsweise 18% Stammwürze, dann stecken in ihm 6% Alkohol. Nach zwei Maß ist man deswegen alles andere als lebensuntüchtig, auch noch nicht alkoholsüchtig, aber fahruntauglich. Es sei denn mit dem Schubkarren.

Aber so ist das auch nicht mit dem Suff.

*Ein Prosit,
ein Prosit der Gemütlichkeit ...*

... spielt die Blasmusi, ohne die ein Bierfest zur Milchparty verkommen würde. Was ein richtiger Kapellmeister ist, der läßt fleißig blasen, aber gut pausiert. Daß auch Luse zum Ratschen ist. Und er spielt auch einmal einen Walzer oder was Rührseliges, weniger zum Woana als fürs Gmüat. Wenn man fremd ist und sich dazusetzt, ist es auch nicht gut, dem Nachbarn gleich auf die Schulter zu hauen, ewige Freundschaft zu schwören und dabei auf den Ausschnitt seiner Nachbarin zu schielen. Auch nicht gleich zu protzen: Die nächste Maß zahl ich. Wer den Dischkurs und den Umtrunk schön staad anlaufen und sich nicht zu schnell vollaufen läßt, der kommt schon auf seine Rechnung. Und wer eine kleine philosophische Ader hat und sich etwas abseits setzt, der gewinnt sehr vielseitige Einblicke in das Leben des „gemeinen Volkes". Man kann sich da gemeiniglich sehr irren. Hinter dieser Lodenjoppe steckt der Bundestagsabgeordnete und in dieser Bundhose der vom Landtag, keinem sieht man an, ob er ein Schwarzer oder Roter ist, wird's später, müssen sie schon herhalten und sich derblecken lassen. Jetzt steigt einer aufs Dirigentenpostamenterl und will wohl eine Rede halten. Durchaus nicht. Er dirigiert die Kapelle. Das darf er gern. Der Dirigent erholt sich derweilen oder er bläst mit. Die Musi spielt ihren Marsch und kümmert sich keinen Deut, was der (oder die) da oben zusammendirigiert. Aber jedem seine Freud', freilich nicht umeinsunst, also unter einem Hunderter geht da nichts. Früher kostete es pro Musiker eine Maß, aber jetzt ist das Bier zu teuer, und es sind zu viele Madeln bei der Musi, jawohl, die Blasmusik hat emanzipiert, daß die

Fetzen geflogen sind. Und grad resch schauen sie aus an den Klarinetten, auch bei den Trompeten und den Hörnern. Der Vorstand, der was auf die Kapelle hält, ist stolz auf seine Madeln, nur mit den Hosen hat man's nicht so, ein Dirndl mit einem weiten schwingenden Rock, der auch schon mal die kräftigen Wadeln sehen läßt, das schaut halt besser aus. Aber mit einer Poussage von Publikumsseite schaut gar nichts heraus. Musi aus, Madel hoam, do beißt si nixen!

In ein paar gute Würst' oder einen würzigen Kas sollte man schon hineinbeißen, aber nicht zu spät.

Einlagen gibts selten, manchmal einige Spottgsangl; wenn eine Salonjodlerin auftritt, ist das niederbayerische Element schon eher verlassen. Watschentanz und Holzmacherspiele sind schlimmer als Bierplempel.

Verläßt man das Bierfest nach der zweiten Maß, ist man beschwingt und beschwipst, nach der dritten Maß benebelt, nach der vierten besoffen. Darauf ist Verlaß.

Messerstechereien gibts kaum mehr. Ist aber Nebel überm Hirn, empfiehlt es sich, zu schweigen. Draufgängerisch sind die Niederbayern nach wie vor, daran hat auch der Einbruch der feineren norddeutschen Welt nichts geändert.

Endbogen · Deggendorf

Seiboldsried vorm Wald · Regen

Holzham · Birnbach · Rottal/Inn

Sommerau · Lohberg · Cham

Heiligenberg · Schönau · Rottal/Inn

Kohlhaus · Auerbach · Deggendorf

Bei Viechtach · Regen

Katzenbach · Böbrach · Regen

Reichenöd · Simbach · Dingolfing

Erlbach · Rottal · Passau

Maign · Außernzell · Deggendorf

Bei Zinkenried · Regen

Zenching · Thenried · Cham

Bei Ringelai · Freyung/Grafenau

D'Sau hot an schweinern Kopf

> D'Sau
> D'Sau
> D'Sau hot an schweinern Kopf,
> vier, vier Haxn hots aa.

Schlachttag, das war wie wenn Ostern, Pfingsten und Himmelfahrt zusammenfallen. Irgendwann ist halt auch das letzte Gselchte aus der Räucherkammer geholt worden. Und dann begann die Fastenzeit, gleichgültig, ob sie im Kirchenkalender stand oder nicht.

> *Nudln in der Brüah*
> *auf d'Nacht und in der Früah.*
> *Nudln in der Rein*
> *grod lustig werd's sein.*

Also ging man jeden Tag mit sehnsüchtigem Blick auf die Sau in den Stall, ob sie nicht bald schlachtreif wäre. Der Bauer, der Notnickel, der Geizkragen, hat natürlich immer nochmal einen Tag dazugegeben und nochmal einen und nochmal eine Woche.

> *I woaß net, was d'Nachbarleit toan*
> *daß' so feiste Facken ham toan.*

Gscheiter fuettern tun's es, hat dann der immer hungrige Knecht in seinen Bart gemurmelt und zu Mittag grimmig dreingeschaut wie wieder nur Erdäpfel mit Kraut in der Schüssel waren.

Alle Zeit hat ein End, so auch die Lebenszeit von der Sau. Wie die Männer eines Wintertags vom Holz gekommen sind, standen schon die Eimer und Kessel bereit. Morgen kimmt der Metzger. Im Waschkessel dampfte also in aller Frühe das Wasser, und die Eimer zum Blutrühren standen in der richtigen Position. Dann kam der entscheidende Moment. Die Sau wurde ein wengerl gekitzelt und getratzt, sie grunzte nervös und aufgeregt, dann zog der Bauer das Türl hoch, und mit einem Schuß, der sitzen mußte wie vom Wilderer-Jackl, zeigte der Metzger seine Kunst genau so wie beim Stich, der das Blut in den Emaileimer laufen ließ. Sofort begann die Magd zu rühren. Nichts für schwache Gemüter, aber der Sinn stand jetzt schon nach Blutwürsten und rotem Preßsack. Kräftige Männerarme beförderten das ausgeblutete Tier dann in den Holztrog und die Weiber gossen siedend heißes Wasser zu. Der Metzger hat nochmal die Messer gewetzt, dann die Schwarte von den Borsten gereinigt, und nach dem Abziehen begann das Kraft erfordernde Geschäft des Aufziehens. So eine Sau hat ihr Gewicht. Mit schnellen Schnitten wird sie halbiert und die Innereien herausgenommen. Und dann beginnt das Geschäft des Wurstens. Die Sauhälften müssen zuerst einmal einige Zeit abhängen. Gut abgehangen ist heute noch ein Qualitätsbegriff der Metzger. Später wurde gesurt, auf hochdeutsch gepökelt, große Portionen abgeschnitten, diese kräftig gesalzen und gepfeffert und je nach Hausgeschmack mit Wacholder, Zwiebeln und Knoblauch gewürzt.

Aber das Schönste am Schlachttag kam nach der Wursterei, wenn es die Metzelsuppe gab, das Kesselfleisch, die Blut- und Leberwürst; die Ehhalten, die da nicht für drei aßen, waren ihren Lohn nicht wert. Konnte einer gar ein bißchen Mund- oder Ziehharmonika spielen, gab es eine hübsche Gaudi zu Abend. Und wenn der Bauer nicht gar zu geizig war, holte er die Branntweinflasche aus dem Kasten.

Das eigentlich Kunstfertige kam noch.

Eine gute Nase roch, wann das eingesurte Fleisch so richtig durchgezogen, schmackhaft gewürzt war, das dauerte gut einige Wochen, dann gab man es in die Räucherkammer. Und dann kam der entscheidende Moment, wenn das erste, frische Gselchte angeschnitten wurde. Das mußte wie Weihrauch in die Nase fließen, kernig im Biß sein, bestechend in der Farbe und einen Nachgeschmack wie aus dem fernen Orient hinterlassen. So mancher Knecht, der im Herbst nach der Ernteplackerei Stein und Bein fürs Schlenkeln an Lichtmeß geschworen hatte, wurde nach dem Schlachtfest wieder wankelmütig.

„Bua, wanns im Himmi drom aa so a Gselchts gibt, no brauchst die vorm Sterbn net zu fürchten. Die tote Sau soll lebn!"

Schnupf und Schmai

*Hörst du den Namen Perlesreut,
dann wird dir's Herz und d' Nosn weit.*

Staad muaß es zuageh! Ois was pressant is, is vom Übel!

Schnupfa kost net so nebenher, so wiaran Zigaretten in d'Luft verblosn und dabei ans Gschäft denga.

Schnupfen braucht Zeit. A wengerl zum mindesten. Zum Schnupfen braucht's a ruhige Hand und an guatn Zug. Und a trainierte Nosn dazua, des ko net schodn. –

Was ein richtiger Schnupfer war, der rieb sich seinen Schmai selber. Dazu brauchte er den Reiberscherm, hochdeutsch einen tiefen Tonteller, und den Stößl, ein Untrumm Holzklopfer. Dann ging es ans Sortieren der Tabakblätter. Das erforderte ein besonderes Feingefühl und einen guten Riecher, wieviel Brasil nimmt man, wieviel Java, wie vermischt man das, was gibt man an geheimer Würze dazu. Das muß, wie gesagt, erfühlt und errochen werden. Dann kommen die Blätter in den Scherm und werden zerstessel. Sorgsam, langsam, ganz fein, bis es staubt. Und dann kommt der Höhepunkt, der Schmai, das Butterschmalz, das bindet und gibt das Tüpferl aufs i. Net z'vui, net z'weni, das hat man im Griff, und hat man das Ganze schließlich in der Nas'n, dann zeigt es sich, was ein wahrer Künstler ist.

Der wahre Künstler zeigt sich heute nur noch daran, wie er den Schmai einführt. Wem die Hälfte hängenbleibt, der ist ein krasser Anfänger. Anfang unseres Jahrhunderts wurde die Schnupftabakherstellung dann maschinell betrieben, heute ist sie ein besonderer Gewerbezweig. Aber so stille Schmaireiber wird es schon noch geben, die nur auf den ihrigen als den richtigen schwören.

Schnupfen hat Tradition. Schließlich gab es sintemalen keine größere Auszeichnung als vom Alten Fritz, dem König von Preußen, eine goldene Schnupftabakdose geschenkt zu bekommen.

Und ein Politiker unserer Tage, der langjährige Bundeskanzler Schmidt, ein Hamburger Kind, entwickelte sich geradezu zum begeisterten Schnupfer. Bei feierlichsten Anlässen, und immer, wenn eine Fernsehkamera in der Nähe war, holte er den Schmai heraus und schaffte es telegen und souverän. Kein Stäuberl ging daneben. Immer hoffte man auf ein kräftiges Hazi, aber es kam nichts, oder die Fernsehfritzen schwenkten ab.

In Perlesreut, südlich von Grafenau, feiern sie jedes Jahr ein Schmalzlerfest. Die Manaleut müssen fünf Gramm möglichst schnell und sauber durch die Nasenlöcher ziehen, die Weiberleut weniger. Ja mei, eine Gaudi muaß halt sein.

Krank vor Ärger könnte man werden, wenn man an die Zukunft denkt. Da fiel also Europabeamten wahrscheinlich zwischen zwei Zigarettenzügen ein, daß Schnupfen und Rauchen dasselbe wären. Und so soll, wenn wir endlich europahandelseinig sind, der Schnupftabak um viele tausend Prozent teurer werden. So meinte man zumindest Anfang des 90er Jahres.

Wenn das so kommt, dann gehen einige Arbeitsplätze kaputt, aber die Niederbayern greifen hoffentlich wieder zum „Reiberszeug", pritzeln die Blätter selm in den Scherm, bröseln sie und schmecken den Schmai dazu.

Jetzt sind uns die EG-Preußen ans Bier und an die Wurscht gegangen, jetzt wollen's an den Schmai.

Ob es da doch nicht besser wäre, man denkt bayerischerseits wieder an einen Kini.

Schiab'n ei!

Verwahtes

> An der böhmischen Grenz
> hots an Fuhrmann verwaht.
> Grod recht is eam gschehng,
> warum fahrt er so staad.

Geschichten um Waldler, Wilderer, Fuhrleut, Holzer, Schmuggler, Rauber, Pascher, Wurzenweiberl, Wirts- und Bauersleute gibts zu Hunderten. Den meisten hängt das an, was man flugs und oberflächlich „romantisch" nennt. Also Unwirkliches, Phantastisches, oft auch jene Sozialromantik, die einem Räuberhauptmann wie ein Blumengebinde umgehangen wird, weil er nur den „Reichen" genommen und den „Armen" gegeben hat. Was ein kluger Heimatbetrachter ist, der läßt diese Geschichten stehen, sieht die Ursachen offen und über die Folgen hinweg. Die junge Wissenschaft kramt mit Vorliebe in der Kiste der Gesellschaftskritik, die wie Mücken in die Abendsonne einfliegenden Reporter aus nördlichen Gefilden spulen ihre mitgebrachten Vorurteile ab, die Touristen atmen gutgebliebene Luft, die Einheimischen kultivieren das knauserige Gestern gerne in knuspriger Art, wenn es das Heute, das den Verdienst bringt, nicht beschädigt.

Hundert Jahre sind gar keine so lange Zeit. Damals konnte es einen Fuhrmann sehr wohl verwehen. Die Verkehrswege waren eng, schmutzig, steinig, steil, eisglatt, die Kutschen alt und unbequem, ein „Omnibus", heute meist ein Luxusvehikel, beförderte sechs bis acht Fahrgäste, zusammengedrängt wie die Heringe. Im Winter war es durchaus üblich, daß die Wagen bis in die späte Nacht, ja den frühen Morgen unterwegs waren, die Herbergen primitiv, und nicht selten galt es, bei einem Achsenbruch auch noch einige Kilometer in Dunkelheit und Kälte zu marschieren. Im schneidenden Kammwind verwehte es durchaus mal ein Fuhrwerk, und kein Hahn krähte danach.

Die Holzer lebten auch im strengen Winter die ganze Woche über im Wald. Sie bauten sich Hütten aus Rundholz, deckten sie mit Rinden und beschwerten diese mit Steinen. Am frühen Morgen ging es mit dem Schlitten hoch zur ersten Fuhre. Mit primitivem Werkzeug wurden die schweren Stämme zurechtgemacht, auf die Schlitten geladen, verkettet und durch den hohen Schnee talwärts gefahren. Ein gefährliches Handwerk, das rund um die Uhr zwölf Stunden ging. Dann wurde in der Hütte auf erhitzten Steinplatten ein einfaches Essen gekocht, Lagerromantik mit Singsang und Träumerei gab es keine, früh am Abend wickelten sich die Holzer in zwei warme Decken auf Werg und Holzwolle und schliefen einem neuen Arbeitstag entgegen.

Ein hartes Brot also, immerhin: Es blieb was hängen. In den Waldlerhöfen saßen derweil die Schnitzer, die Weber, die Spinnerinnen, gut, es fror sie nicht, aber es gab dafür nicht viel zu beißen. Holzschuhmacher war ein wichtiges Gewerbe. Dazu brauchte es gut abgelagertes Fichtenholz, einen kräftigen Hackstock und zahlreiche Messer, Bohrer und Stemmeisen und eine ruhige Hand und ein sicheres Auge.

Der Rohling wurde in die Form gebracht und dann mit virtuosem Geschick bearbeitet. Das Schwierigste war der Schlupf, der nicht zu eng und nicht zu weit sein durfte, sonst wurde das Gehen im Holzschuh eine Tortur. Ganz billig waren sie nicht, aber sie hielten ein ganzes Leben. Vater und Mutter, so sie am Hof lebten, banden derweilen Reisigbesen oder flochten Strohschuhe, was eine bescheidene Zubuße in den Hausbeutel brachte.

Im 19. Jahrhundert dominierte vielerorts der Flachsbau. Er war eine Schinderei ohnegleichen. Er wurde im Frühjahr angesät und mußte in mehreren Arbeitsgängen fortlaufend vom Unkraut freigehalten werden. Der reife Flachs wurde dann mitsamt der Wurzel aus dem Boden gerissen und über den Riffelkamm gezogen, der die Faser freilegte. Dann kam diese ins Wasser bis die Stengel offenstanden. Sie wurden getrocknet, gebrechelt, das heißt geknickt und schließlich gehachelt. Hier wurde die Pflanze durch ein Nagelbrett gezogen. Diese Fasern wurden letztlich um den Rocken gewickelt und mit Spindeln und Rad begann jener Vorgang des Spinnens, der in unzähligen Liedern idyllisch wiedergegeben wird.

Tief schneit uns der Winter ein,
alles friert zu Stein und Bein.
Hier bei gelbem Kerzenschein
sitzt die Spinnerschar in Reih'n.
Schnurre, schnurre, liebes Rädchen,
spinne mein fein Fädchen.

Das gesponnene Garn wiederum war die Materialgrundlage für die mühselige Arbeit des Webens von Waldlerlinnen, das so kräftig war, daß es gut zwei Generationen aushielt. Nur den Einbruch der Baumwolle überstand es nicht.

Bei dieser Plagerei war es nicht verwunderlich, daß die jungen Burschen sagten, ihr Alten spinnt tatsächlich, lieber illegal etwas riskiert als legal verhungert. Über die grüne Grenze konnte man Geld ins Haus tragen. Aber es war nicht minder hart erworben und schließlich gefährlich genug. Die großen Gschäfter machten ohnehin nicht die kleinen Häusler, auch am Wildpret, das ein wilder Schütz nicht immer heldenhaft zur Strecke gebracht hatte, verdiente er zumeist den geringeren Teil als der Hehler und der Händler. Aber noch heute leuchten die Augen auf, wenn von den Taten der Rauber, Schwärzer und Pascher im Wald die Rede ist. Vieles ist verklärt, ist Legende, geschönt, überzogen. Die kleinen Leute ihrerseits standen unter doppeltem Druck, dem der Obrigkeit, der Jager, Gendarmen, Zöllner und dem der Schmuggler und Wilderer, die für sich und ihr Gut stillen Unterschlupf suchten und nahmen. Gings hart auf hart aber nahm man Partei für die Illegalen, sie waren im Grunde die gleichen armen Hunde, und schließlich ließen sie's einen nicht entgelten oder sie vergalten hart und brutal. Groß war der Spielraum nicht.

Es entstand eine blühende Volksliteratur, vielfach auf dem Erzählweg, doch so mancher Roman, manche Novelle, und unzählig viele Gschichtln berichten von den dunklen Nächten und den nebligen Frühstunden, in denen Schmuggler und Wilderer unterwegs waren, ihren guten und verwegenen Taten, ihren Schlichen und Kniffen, ihrem Übermut und ihrer Frechheit.

Eine so blendende Reputation wie der Boarische Hiasl oder der Kneißl oder der schwäbische Hannikel gewannen der Rehpeter, der Bugkmuk zwar nicht, aber ihr geschwärztes Antlitz, aus dem wilde Augen funkelten, ihre gespannten Muskeln und ihre gespannte Büchs, ihre Gewandtheit, ihr kühner Sinn und ihr trauriges Los durchziehen noch viele Kachelofengeschichten droben im Woid.

All das ist Vergangenheit! Gut, ein paar Besen bringen die Weiberln mitunter schon noch auf den Markt. Sie gibt's noch, vereinzelt, und sie wissen um die Heilkraft von jeder Wurz, jeder Blüte, jedem Stengel, jeder Frucht. Und das ist gut so, denn der Doktor ist auch heute oftmals noch weit, obgleich es doch vui mehra Dokter gibt als Bauersleut.

Thanndorf · Roßbach · Rottal/Inn

Haidmühle · Freyung/Grafenau

Hinterloh · Wurmannsquick · Rottal/Inn

Rattenbach · Rimbach · Rottal/Inn

Habach · Johanniskirchen · Rottal/Inn

Kainzhub · Simbach · Dingolfing

Eggersdorf · Roßbach · Rottal/Inn

Imerlsöd · Wittibreut · Rottal/Inn

Drahtholzen · Schönau · Rottal/Inn

Ed · Unterdietfurt · Rottal/Inn

Gfradert · Kirchberg · Regen

Ensbach · Lalling · Deggendorf

Buchberg · Hohenau · Freyung/Grafenau

Neuburg/Inn · Passau

Neuer Urwald

> Wer hat dich du schöner Wald
> aufgebaut so hoch da droben?
> Nur den Meister will ich loben,
> solang noch mein Stimm' erschallt.
>
> (Joseph Frh. von Eichendorff)

An meisterlichen Köpfen und Händen fehlt es auch im Waldbau nicht. Aber oft setzt die Ökonomie der schöpferischen Phantasie enge Grenzen. Der Holzpreis ist nicht üppig, auch der Waldbau muß sich rentieren. Die Zeiten sind jedenfalls vorbei:

Am schönsten hat's die Forstpartie.
Es wächst der Wald auch ohne sie.

Urwald ist ein wunderschön-gruseliges Wort, eine urtümliche Landschaft, die dem Menschen Widerstand entgegensetzt. Die Reiseberichte von Expeditionen durch den tropischen Urwald bildeten in unserer Jugend aufregenden Lesestoff, Abenteuer ersten Ranges mit wilden Tieren, ungebändigter Natur, unzivilisierten Menschen. Unerbittlich ist dann die Zivilisation eingerückt, und heute drückt der Kommerz sogar den Urwald an den Rand seiner Existenz.

In Niederbayern finden sich noch die größten zusammenhängenden Waldgebiete Mitteleuropas. Der permanente Griff nach den Wäldern drohte auch hier mit all seiner Konsequenz, die Raubbau eben zu eigen ist. 1970 fand sich der Bayerische Staat bereit, hier einen Nationalpark nach internationalen Vorschriften zu errichten. Das heißt etwas salopp umschrieben, die Natur darf ein jungfräuliches Leben führen, sie wird nicht zur Ehe mit Ertragsgesetzen gezwungen. Zwischen dem 1373 m hohen Lusen und dem 1453 m hohen Rachel wachsen rund 13 000 Hektar Wald zwar nicht ohne hegende Forstpartie, aber sie hegt und bewahrt sein Fortkommen in jener Form, daß sie ihn in Ruhe läßt und seinen Urzustand fördert, befördert, begleitet. Hier bin ich Wald, hier darf ich's sein. Ein Stamm, der fällt, bleibt liegen, modert, zerfällt und bietet im Zerfall Keim für neues pflanzliches und tierisches Leben. Es wird nichts gefällt, nichts gerodet, nichts nachgebessert. Die Natur trägt sich selbst. Mit Erstaunen stellen wir ohnehin immer wieder fest, wie schnell sich geschundene Natur regeneriert, so sie nur in Ruhe gelassen wird.

Gänzlich in seiner Ruhe lebt auch dieser Wald nicht. Natürlich nicht. Für die natürliche Unruhe sorgt eine Fülle von Tierarten, die sonst nirgendwo mehr einen Lebensraum finden, vom winzigen Insekt bis zum riesigen Wisent. Ob Luchs, Bär und Wolf hier nochmal heimisch werden (dürfen), ist nicht unbestritten, der Biologe aber findet hier eine geradezu ungestüm wachsende Pflanzenwelt von mannigfaltigem Artenreichtum und vielfältiger Schönheit.

Der Biologe findet ...?

Also dürfen Menschen hinein? Und ob. Eineinhalb Millionen pro Jahr, Uriges lockt, die Forstpartie lenkt mit weiser Zurückhaltung diesen Strom, weist ihm seinen Part zu und hofft auf die menschliche Vernunft.

Ein Wald, wie ihn der liebe Gott wachsen läßt; wer es säkularisierter, aufgeklärter haben will: Urnatur mit humanem Geleitschutz.

Nur von oben wachsen Gefahren, die auch der erfahrenste Forstpfleger nicht bannen kann; die schmutzige Luft macht natürlich auch vor dem Nationalpark nicht halt. Wenn der Böhmerwald urig zum Bayerischen Wald zuwachsen dürfte, dann wäre eine europäische Kulturtat ersten Ranges geschehen.

Hoamatl

I hob a Häusl
koa Haus
drom im Woid
wo's bluati koid is
und sakrisch hoaß
im Summa.

Wo der Wind
der böhmische
durchpfeift
durch jede Ritzn
und do san viele
und d'Sonna
d'Hitz obadruckt
durchs Dach
daß d' moanst
sie mechat
as ganz' Häusl
verbrenna.

A Roß
war nia im Stall
zwoa Küeh
a Goaß
Federvieh
a Sau.

'S is umganga
grod so hoit
's Weib hot oft gwoant
dee Buam san furt
dee Madln aa
ko'st es eahna
net verdenkn.

Am Habermus ißt di
schnell satt
und an der Milli
der sauern
dee Erdäpfel
am Kraut
am Brocka Gselchts.

Alle sans ganga
bloß i
i bin bliem.

Geh furt
ham d'Kinder gsogt
wiari oid worn bi
und alloa.
Do siehgst

*ander Leit
und host
a Freid
und an Umgang.*

*Nachera Wocha zwoa
oder drei*

*bin i wieder
hoamganga.
Hoam
ins Häusl.*

*Wo doch aus jedem Stück Holz
mei Leben außergschaut hot.*

Wer für wen?

Mit Hetzen, Jagen, Beitzen,
da grünt kein Klee, kein Weizen.

Die Wittelsbacher sind die Väter Niederbayerns. Ludwig, genannt der Kelheimer, gründet zwischen 1204 und 1224 die Städte Landshut, Straubing und Landau, seine Nachfolger kauften sich zwischen Naab, Inn und Böhmerwald ein und teilten 1255 das große Territorium in zwei Herzogtümer: Ober- und Niederbayern. Landshut wurde Residenz und die Perle der Landschaft. Hier wurde der erste Renaissance-Palast Deutschlands gebaut. Was an Macht, Pracht, Glanz und Reichtum zu Landshut gegeben war, zeigt noch heute die Nachstellung einer Fürstenhochzeit. 1392 wurde das Herzogtum gedrittelt: Bayern-München, Bayern-Ingolstadt, Bayern-Landshut.

Keine Frage: In Niederbayern wehte die rauhere Luft. Und zwar von unten nach oben. An die 800 stolze Adelssitze standen dem Herzog gegenüber, und diese waren rauffreudig, streitsüchtig, eigennützig und in ihrer Art bauernstolz. Was sich da manifestierte war schon eher der bäurische als der edelmännische Adel, wie es sich auch in der Schreibweise, hie „von", da „v.", deutlich niederschlug.

„Wer is für wen do, Herzog, wir für dich oder du für uns?"

Solche Töne schlugen in den Ständeversammlungen an die hochadeligen Ohren, wie edelmännisch man letztlich war, bestimmte der Vermögenszuwachs.

1503 stirbt Georg der Reiche, der in Landshut eine glanzvolle Hofhaltung betrieben hatte, ohne direkten Nachfolger. Er setzt in seinem Testament Rupprecht von der Pfalz als Nachfolger ein und bricht so die Erbverträge mit Bayern-München. Der Landshuter Erbfolgekrieg bricht aus, von dem ein zeitgenössischer Betrachter meint, er wäre „arm an Schlachtenlärm, doch reich an Brand und Raub gewest". Der Münchner Herzog Albrecht der Weise setzt sich zur Wehr. Die um Rat befragte Landschaft äußert sich ausweichend, der Kaiser, Maximilian I., redet herum. Am 17. April 1505 fällt Rupprecht von der Pfalz, der mit Elisabeth, der Tochter Georgs des Reichen, verheiratet ist, in Landshut ein und läßt sich huldigen. Nun schlägt sich der Kaiser offen auf die Münchner Seite. In der Schlacht am Wenzensbach wird Rupprecht geschlagen, im Kölner Schiedsspruch tritt Bayern-München in das Erbe Landshut ein. Die große Zeit ist dahin. Niederbayern hat seine Position, es ist nicht die erste im Land.

Wie sehr Niederbayern Grenzland ist, verspürt es deutlich im 18. Jahrhundert. Der 1726 an die Regierung gekommene Kurfürst Karl Albrecht legt großen Wert darauf, „die Freundschaft und das gute Einverständnis mit Österreich zu pflegen". Das hindert ihn nicht, 1740, beim Tode Kaiser Karls VI., Ansprüche auf die bayerischen Erblande zu erheben, die man jedoch nicht voll beweisen kann. Karl Albrecht spielte ein gewagtes Spiel. Zuerst gewann er Stich auf Stich. Er versicherte sich der Hilfe Spaniens und Frankreichs, fiel in Oberösterreich ein, zog nach Prag, und der 12. Februar 1742 brachte ihm in Frankfurt die Kaiserkrone. Derweilen ritten österreichische Soldaten in München ein. Mit stiller Hilfe des großen Gegners Preußen.

Was geht das Niederbayern an?

Von Waldmünchen bis Passau kann man wandern. Auf einem gut beschilderten Weg. Man nennt ihn den „Pandurensteig", und in Waldmünchen selbst gibt es ein Freilichtspiel, das vom Pandurenoberst Franz v. d. Trenck handelt, der auch in dieser Gegend für seine junge Herrscherin Maria Theresia gegen die Bayern gekämpft hat. Er soll Waldmünchen geschont haben.

Aber sonst haben seine Pandurenreiter all das getan, was eine wildgewordene Soldateska, die im Moment auf der Siegesseite steht, eben anstellen kann: Rauben, Morden, Schänden, Saufen, Brennen. Die Pandurenjahre von 1742–45 standen denen des Dreißigjährigen Krieges in ihrer Grausamkeit nicht nach, und Niederbayern stand mitten drin, bis im Frieden von Füssen der jünglinghafte Kurfürst Max III. auf die umstrittenen Ansprüche verzichtete und sein Kurbayern behalten durfte.

Die Grenze nach Österreich hin war und blieb unruhig. Es kamen die napoleonischen Jahre mit viel Blut, Angst, Hunger und Not, daß die Universität von Ingolstadt 1800 für genau 26 Jahre nach Landshut rutschte, berührte die Niederbayern weniger, daß man 1806 königlich-bayerisch wurde, bezahlte man teuer mit der Preisgabe vieler Hoheiten und Privilegien, doch ging dieser Handel im Ende eher gut für den „kleinen Mann" aus. Und die gute alte Zeit, „da das Bier noch braun war und der König schwermütig" – Zitat Georg Lohmeier –, beruhigte auch Niederbayern und brachte in Teilen guten Wohlstand ins Land.

Aber man blieb Grenzland. Böhmen zu veränderte sich viel, das kaiserlich-königliche Österreich löste der Nationalstaat der Tschechen und Slowaken ab, der Expansionsdrang des Dritten Reiches ließ die deutschen Nachbarn erst jubeln, dann weinen und schließlich geschlagen und vertrieben ihre Heimat verlassen, dann schloß sich die Grenze für Jahrzehnte hermetisch und trennte Nachbarn, Freunde, Verwandte und ein im Grunde gleichgeschichtliches Land.

Vielgesichtig ist Niederbayern, wie die Fassaden seiner gebliebenen Höfe, das Mienenspiel dieses nicht unkomplizierten Menschenschlages, das Bild seiner Landschaft.

Politisch ist es heute einer der sieben Bezirke Bayerns.

In Landshut thront kein Herzog mehr, freilich aber ein kommunaler Fürst, der laut und oft vernehmlich isaraufwärts die alte niederbayerische Mahnung ertönen läßt, die des Bauernadels, abgewandelt: Wer is für wen do, München, wir für dich oder du für uns?

Datting · Lalling · Deggendorf

Tittling · Passau

Mariakirchen · Arnstorf · Rottal/Inn

Oberradlsbach · Roßbach · Rottal/Inn

Finsterau · Freyung/Grafenau

Hörbering · Neumarkt St. Veit · Mühldorf

Peterskirchen · Schönau · Rottal/Inn

Bergham · Schönau · Rottal/Inn

Dobl · Birnbach · Rottal/Inn

Gerbersdorf · Johanniskirchen · Rottal/Inn

Oberhöft · Falkenberg · Rottal/Inn

Datting · Lalling · Deggendorf

Endbogen · Deggendorf

Grafling · Deggendorf

123

Gerholling · Lalling · Deggendorf

Hainstetten · Lalling · Deggendorf

Lederbach bei Griesbach · Passau

Holzham · Arnstorf · Rottal/Inn

Oberfrohnstetten · Hengersberg · Deggendorf

Bei Simbach · Rottal/Inn